自治体連結経営 のための 会計・公監査 ガイドブック

一般社団法人青山公会計公監査研究機構 編

同文舘出版

はじめに

　新しい地方公会計制度の確立によって，地方公共団体，関連団体を含めて財務書類を統一的に平成30年3月末までに作成しなければならないとされた。これによって各地方公共団体の一般会計，公営企業会計を含む特別会計および一部事務組合，地方独立行政法人，第三セクター等約2,000弱の団体が，新地方公会計統一基準に準拠して連結財務書類を作成した。準拠すべき公会計基準は新地方公会計統一基準，新地方公営企業会計基準，関連団体の会計基準を最終的には組替え等によって連結財務書類が構成・作成され，開示された。これら財務書類は地方公共団体の経営管理のため，あらゆる場面で活用され，また，各地方公共団体等を比較分析されるためにも活用が期待されている。

　また，これらの統一的な財務書類が作成されることとなると，財務書類の適正性が問われることとなる。すなわち，粉飾や誤謬がないことが証明される必要が出てくる。これは公監査の対象となるということであり，監査委員や外部監査人の監査が求められてくる。

　以上のことから本書では序章では「地方公会計整備の経緯」，第1章では「新地方公会計統一基準の概要とポイントおよび監査の留意点」，第2章では「新地方公営企業会計基準の概要とポイント」，第3章では「地方行政における新地方公会計の役割と活用」，第4章では「新地方公監査のポイントと新地方公会計のもとでの公監査のあり方」，第5章では「具体的な業績（行政成果）公監査のケーススタディ」また，第6章では「公監査の基礎構造」を論述している。

　本書は新地方公会計統一基準，新地方公営企業会計基準の全般と地方公監査の全般すなわち基準，手続を扱ったものであり，特に地方公共団体の首長，公務員，議員，住民，監査委員，金融機関，財務書類作成や監査の支援を行う公認会計士，税理士，コンサルタント，IR支援者そして公会計・公監

査研究の学生・院生の方々に資することを目的とするものである。

　本書の執筆は，一般社団法人青山公会計公監査研究機構の主任研究員である，林，平，石井と鈴木による。

　本書の出版に当たっては同文舘出版株式会社の青柳裕之氏をはじめ皆さんにお世話になった。感謝申し上げる次第である。

　2018年6月

一般社団法人青山公会計公監査研究機構

理事長　鈴木　豊

目　次

はじめに ——————————————————————————— *i*

序章　地方公会計整備の経緯

1. 地方公共団体の会計に関する基準の整備 ——————— *2*

2. 新地方公会計統一基準に基づく財務書類作成の取組み ——— *5*

3. 新地方公会計統一基準の活用の促進 ————————— *7*

4. 地方公営企業会計の見直しの経緯 —————————— *9*

5. 地方公共団体の内部統制・監査制度の確立へ向けた取組み —— *11*

第1章　新地方公会計統一基準の概要とポイントおよび監査の留意点

1. はじめに ——————————————————————— *14*

（1）財務書類の必要性　*14*

（2）財務諸表の作成状況　*15*

2. 財務諸表作成基準と監査の視点 ——————————— *15*

（1）作成基準　*15*

（2）監査の視点　*16*

（3）各勘定科目の作成基準と監査の視点　*17*

（4）地方公会計改革と包括外部監査　*33*

3. 固定資産台帳の整備 ————————————————— *34*

（1）目的　*34*

（2）固定資産台帳と公有財産台帳の違い　*35*

（3）公共施設の管理　*36*

iii

（4）固定資産台帳の記載項目　*37*

（5）固定資産台帳の記載対象範囲　*38*

（6）固定資産台帳の記載単位　*38*

（7）減価償却の方法（「手引き」42 ～ 43）　*40*

（8）耐用年数　*42*

（9）減価償却費の表示　*43*

（10）有形固定資産等の評価原則　*43*

（11）有形固定資産の取得原価の把握のための決算統計の数値の活用　*44*

（12）土地の評価　*45*

4. 財務書類の見方・読み方 ———————————— *46*

（1）貸借対照表の見方　*48*

（2）行政コスト計算書および純資産変動計算書の見方　*51*

（3）資金収支計算書の見方　*55*

5. 事例（指標による分析－京都市の平成27年度財務書類－）—— *58*

第 2 章　新地方公営企業会計基準の概要とポイント

1. はじめに ———————————————————————— *68*

2. 公営企業の会計制度 ————————————————— *69*

（1）公営企業の区分と会計方式　*69*

（2）地方公営企業会計制度の概要　*70*

（3）会計制度見直しの基本的考え方　*76*

（4）独自の会計基準の廃止とそれに伴う変更　*77*

（5）近年に企業会計に取り入れられた会計基準の導入　*80*

（6）勘定科目等の見直し　*83*

3. 地方公営企業の資本制度 ————————————— *84*

（1）資本制度の意義と見直しの経緯　*84*

iv

（2）地方公営企業資本制度の概要　*85*

（3）資本制度見直しの概要　*86*

4. 法非適用企業への適用の推進 ——————————— *88*

（1）地方公営企業会計適用の意義と適用推進のねらい　*88*

（2）重点事業への地方公営企業会計適用拡大　*89*

（3）地方公営企業会計の適用事例　*91*

5. 新地方公会計統一基準との関係 ——————————— *91*

（1）地方公営企業会計からみた統一基準の位置づけ　*91*

（2）地方公営企業会計と統一基準の相違（概念と体系）　*92*

（3）地方公営企業会計と統一基準の相違（勘定科目・会計処理）　*94*

（4）地方公営企業会計に固有の監査上の留意点　*96*

第3章　地方行政における新地方公会計の役割と活用

1. はじめに ————————————————————— *100*
2. 予算編成への活用 —————————————————— *104*

（1）予算編成への活用の趣旨　*104*

（2）予算編成への活用の具体的事例　*105*

3. 財政健全化への活用 ————————————————— *107*

（1）地方財政健全化法制の概要　*107*

（2）統一基準等の整備による健全化判断比率等への影響　*111*

（3）財政分析への新地方公会計の活用　*112*

4. 行政評価との連携 —————————————————— *118*

（1）行政評価との連携の趣旨　*118*

（2）行政評価との連携の具体的事例　*118*

5. 公共施設管理への活用 ———————————————— *122*

（1）これまでの公共投資の推移　*122*

v

（2）インフラ老朽化対策等の取組み　*123*

（3）公共施設等総合管理計画の概要　*125*

（4）個別施設計画の概要　*127*

（5）公共施設管理への新地方公会計の活用　*129*

6. **公営企業経営への活用** ———————————— *130*

（1）公営企業経営の現状と課題　*130*

（2）抜本的改革の検討の経緯　*131*

（3）経営戦略の策定と新地方公営企業会計の活用　*136*

（4）経営分析と新地方公営企業会計の活用　*138*

第**4**章　新地方公監査のポイントと
　　　　新地方公会計のもとでの公監査のあり方

1. **はじめに** ——————————————————— *140*

2. **地方自治法の改正概要** ————————————— *140*

（1）施行スケジュール等　*141*

（2）内部統制に関する方針の策定等　*143*

（3）監査基準の整備について　*157*

3. **統一基準により作成された**

財務書類の公監査のあり方について ——————— *164*

（1）地方公会計マニュアルにおける監査の位置づけと
　　公監査実施上の論点　*164*

（2）財務書類の公監査に関する地方自治法上の位置づけと
　　先進的な自治体の事例　*165*

（3）財務書類に関する監査の実施時期と監査実施主体　*168*

（4）財務書類に関する公監査のあり方　*170*

第5章　具体的な業績（行政成果）公監査のケーススタディ

1. 地方自治法の改正検討項目（平成28年10月27日）の
監査要点 ———————————————————————— *172*
　（1）長としての基本的な考え方　*172*
　（2）内部統制の基本的な考え方　*173*

2. 地方公共団体における内部統制制度の導入に関する報告書
（平成26年4月地方公共団体における内部統制の
整備・運用に関する検討会）の監査要点 ———————— *175*
　（1）内部統制制度導入の必要性　*175*
　（2）内部統制体制の責任者の機能　*176*

3. 内部統制による地方公共団体の組織マネジメント改革
（平成21年3月「地方公共団体における内部統制の
あり方に関する研究会」） ———————————————— *177*

4. 地方公共団体を取り巻くリスク ——————————————— *179*
　（1）リスク例と監査要点　*179*
　（2）リスクと監査手続例　*184*

5. 連邦政府IC（内部統制）原則（2014.9版）の
監査要点・監査手続例 —————————————————— *187*

6. 新地方公会計統一基準の財務書類の監査要点 ——————— *189*

7. 主要な財政指標の監査要点 ————————————————— *196*

第6章　公監査の基礎構造

1. パブリックアカウンタビリティ ———————————————— *200*

2. 行政マネジメントと公会計・公監査 ————————————— *201*

vii

3. 公的機関の統制 ————————————— 202

4. 公監査目的 ————————————————— 203

5. 公監査リスク ———————————————— 204

6. 公監査の10段階説 ————————————— 205

7. 公監査基準 ————————————————— 206

（1）公経営監査基準の体系　*206*

（2）公経営監査基準の「前文」　*207*

（3）公監査の一般基準　*207*

（4）法規準拠性公監査基準　*208*

（5）財務・財務関連公監査基準　*209*

（6）業績公監査基準　*210*

索引　*213*

序章

章

地方公会計整備の経緯

1. 地方公共団体の会計に関する基準の整備

バブル経済の崩壊後，地方財政の状況が厳しさを増すなかで，地方公共団体は財政運営の透明性を高め，住民や議会等に対する説明責任をより適切に図ることが一段と求められてきている。また，地方分権の進展に伴い，自由でかつ責任ある地域経営を進める必要性も高まってきている。これらの動きを背景に，平成11（1999）年頃から，地方公共団体の会計に企業会計の考え方を取り入れ，複式簿記発生主義の財務書類を作成しようとする動きが，政府や先進自治体において顕在化してきた。

平成18（2006）年には，総務省に「新地方公会計制度研究会」が設置され，財務書類の考え方と作成手順として，新地方公会計モデル（基準モデル及び総務省方式改訂モデル）が提示された。総務省は地方公共団体に対し，このモデルによる財務書類の整備等を要請したが，モデルには複数の考え方があり，統一基準という性格をもったものではなかった。

そこで，平成22（2010）年9月，総務省に「今後の新地方公会計の推進に関する研究会」が設置され，同研究会において，①これまでの財務書類作成の取組みについての検証，②国際公会計基準（IPSAS）や国の公会計の動向等の検討を行ったうえで，地方公会計の推進方策や会計基準のあり方などが幅広く議論された。

平成25（2013）年8月，同研究会は「中間とりまとめ」を公表し，そのなかで，①地方公会計の整備に当たっての標準的な考え方と方法を基準として設定すること，②固定資産台帳の整備と複式簿記の導入が必要不可欠であることを明確に示した。「中間とりまとめ」を受け，同研究会のもとに，①財務書類の作成基準に関する作業部会，②固定資産台帳の整備等に関する作業部会の2部会が設置され，既存の財務書類との継続性，実務面での実施可能性，財務書類のわかりやすさ等を基本方針として，基準の詳細化へ向けて検討が行われた。

序　章
地方公会計整備の経緯

　平成26（2014）年４月，同研究会は両部会の検討結果を踏まえて最終報告書をとりまとめ，そのなかで，「固定資産台帳の整備と複式簿記の導入を前提とした財務書類の作成に関する統一的な基準」を示した。それに基づき，総務省は各地方公共団体に「今後の地方公会計の整備促進について」（総務大臣通知）を発出し，今後４年間の地方公会計整備のスケジュールを示すとともに，「今後の新地方公会計の推進に関する実務研究会」を新たに発足させ，具体的なマニュアル作成に着手した。

　平成27（2015）年１月には，成果物として「統一的な基準による地方公会計マニュアル」が提供され，同時に発出された「統一的な基準による地方公会計の整備促進について」（総務大臣通知）で示された整備の要請，整備の期限および整備にかかる支援措置をもって，一連の地方公会計整備に向けた総務省を中心とした取組みはひとまず終了した。

　この間の，地方公会計改革の取組み状況をまとめると，図表序-1 のとおりである。

■ 図表序-1　地方公会計改革の取組み状況

年	月	取組み状況
平成12年	3月	地方公共団体の総合的な財政分析に関する調査研究会報告書
平成13年	3月	地方公共団体の総合的な財政分析に関する研究会報告書－「行政コスト計算書」と「各地方公共団体全体のバランスシート」－
平成18年	5月	新地方公会計制度研究会報告書 ●基準モデル及び総務省方式改訂モデルによる財務4表の作成手順の提示
	7月	「新地方公会計制度実務研究会」発足 ●「新地方公会計制度研究会報告書」を踏まえ，実証的検証および資産評価方法の諸課題について検討
	8月	「地方公共団体における行政改革の更なる推進のための指針」（総務事務次官通知） ●新地方公会計モデルを活用した財務書類の整備，資産・債務改革に関する具体的な施策の策定を要請
平成19年	6月	「地方公共団体財政健全化法」の成立

3

平成19年	10月	「公会計の整備推進について」（自治財政局長通知） • 新地方公会計モデルを活用した財務書類の整備，資産・債務改革に関する具体的な施策の策定を改めて要請するとともに「財務書類の分かりやすい公表に当たって留意すべき事項」を提示
		新地方公会計制度実務研究会報告書 • 「新地方公会計制度研究会報告書」で示されたモデルの実証的検および資産評価方法等の諸課題について検討したうえで，財務書類の作成や資産評価に関する実務的な指針を公表
平成20年	6月	「地方公会計の整備促進に関するワーキンググループ」発足 • 「基準モデル」および「総務省方式改訂モデル」による財務諸表の整備が中小規模団体も円滑に進むよう，作成上の課題に対する解決方策の検討や連結財務諸表作成のより詳細な手順などを検討
平成21年	1月	「新地方公会計モデルにおける資産評価実務手引」の提供 • 新地方公会計モデルにおける資産評価の基本原則に関する解説や評価方法の事例などを踏まえて取りまとめたものを提供
	4月	「新地方公会計モデルにおける連結財務書類作成手引」の提供 • 連結対象団体と連結するに当たっての考え方や組替え，連結修正，相殺消去などの実務的な処理手順をとりまとめたものを提供
平成22年	3月	「地方公共団体における財務書類の活用と公表について」の提供 • 分析方法や内部管理への活用方法について，先進団体の事例も用いながら財務書類作成後の活用と公表のあり方についてとりまとめたものを提供
	9月	「今後の新地方公会計の推進に関する研究会」発足
平成25年	8月	「今後の新地方公会計の推進に関する研究会」が「中間とりまとめ」を公表 • ①地方公会計の整備に当たっての標準的な考え方と方法を基準として設定すること，②固定資産台帳の整備と複式簿記の導入が必要不可欠であることを明確に示す
平成26年	4月	今後の新地方公会計の推進に関する研究会報告書 • すべての地方公共団体を対象とした新たな財務書類の作成基準（統一的な基準）を示す
	5月	「今後の地方公会計の整備促進について」（総務大臣通知） 「今後の新地方公会計の推進に関する実務研究会」発足
平成27年	1月	「統一的な基準による地方公会計の整備促進について（総務大臣通知）」 「統一的な基準による地方公会計マニュアル」の提供 • 財務書類の作成等に関する具体的なマニュアル（基礎知識・財務書類作成要領・資産評価及び固定資産台帳整備の手引き・連結財務書類作成の手引き・財務書類等活用の手引き・Q＆A集）を提供
平成28年	10月	地方公会計の活用のあり方に関する研究会報告書
平成30年	3月	地方公会計の活用の促進に関する研究会報告書

出所：総務省（2010）「今後の新地方公会計の推進に関する研究会（第1回）資料2（p.3～5）（9月）」をもとに筆者が加筆し作成。

2. 新地方公会計統一基準に基づく財務書類作成の取組み

　統一基準に基づく財務書類の作成に向けた整備の期間は、「統一的な基準による地方公会計の整備促進について」（平成27年1月23日付総務大臣通知）により、原則として平成29（2017）年度までの3年間とされた。

　また、統一基準に基づく財務書類の作成時期は、たとえば、決算年度の翌会計年度のおおむね8月末までの作成と、その後の検証を経て、9月末までの公表といった対応が望ましいとされる。それは、当該財務書類が現行の官庁会計（現金主義会計）の補完として整備されるものであるので、官庁会計での決算書類の提出とともに作成・公表されることが望ましく、また、次年度予算編成への反映も含めた一層の活用が求められるためである。

　想定される財務書類作成の作業スケジュールは図表序-2のとおりである。

■ 図表序-2　地方公共団体の決算・予算編成の作業スケジュール

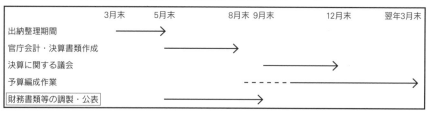

出所：筆者作成。

　なお、総務省では、地方公共団体の事務負担や経費負担を軽減するため、統一基準による地方公会計の整備にかかる標準的なソフトウェアを開発するなどの支援策を講じている。この支援策により、システム整備等の負担が軽減されるのみならず、相当部分が自動仕訳化されることを通じて財務書類作成作業が効率化することが期待されている。

　総務省による支援策の概要は図表序-3のとおりである。

■ 図表序-3 支援策の概要

地方公会計に係る標準的なソフトウェアの概要

統一的な基準による地方公会計の整備促進のため、平成27年度に標準的なソフトウェアを開発して地方公共団体に無償で提供した。

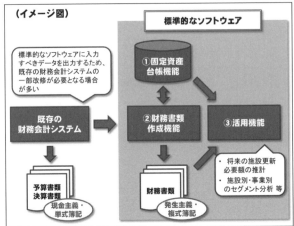

① **固定資産台帳機能**
各固定資産の取得年月日、取得価額、耐用年数等のデータを管理する機能
（既存の表計算ソフトからのデータ取込みも可能）
⇒ H27.10に提供開始

② **財務書類作成機能**
既存の財務会計システムの現金主義・単式簿記のデータ等を取り込んで発生主義・複式簿記のデータに変換して財務書類を作成する機能
⇒ H27.12に提供開始

③ **活用機能**
財務書類等のデータを基に将来の施設更新必要額の推計や施設別・事業別のセグメント分析等を行う機能
⇒ H28.3に提供開始

自治体情報システム構造改革推進事業（普通交付税措置）

4. 地方公会計システムの整備・運用

統一的な基準による地方公会計に係るシステムの整備・運用に必要な以下の経費を計上。
・地方公会計システムの稼働に必要な財務会計システム等改修経費
・地方公会計ソフトウェアのセットアップ経費
・ハードウェア購入経費（一部事務組合等に係るものに限る。）
・ハードウェア及びミドルウェアの保守経費

統一的な基準による地方公会計整備に係る特別交付税措置

3. 対象経費

➢ 固定資産台帳の整備に要する経費
資産の評価及びデータ登録に要する経費（更新管理に要する経費を除く）
➢ 専門家の招へい・職員研修に要する経費
財務書類等の作成に必要なコンサルティング等に要する経費

※1 地方公会計の統一的な基準の導入に係るものに限る。
※2 一部事務組合等については、固定資産台帳の整備に要する経費と資産の棚卸しに要する経費も含む。
（都道府県及び市町村については、既に普通交付税の包括算定経費（平成20～24年度）において措置済み）

出所：総務省（2016）「地方公会計の活用のあり方に関する研究会（第1回）参考資料『統一的な基準による地方公会計の整備について』（4月28日）」。

序 章
地方公会計整備の経緯

3. 新地方公会計統一基準の活用の促進

　各地方公共団体において，統一基準に基づく財務書類の作成や固定資産台帳の整備が一斉に行われると，次の焦点は，作成した財務書類等をどのように活用すれば，財政の透明性を高め，説明責任（対住民・議会等）を果たすことができるかに移ってくる。

　そこで，総務省は，地方公会計の活用が図られよう，「地方公会計の活用のあり方に関する研究会」，「地方公会計の活用の促進に関する研究会」を相次ぎ設置して，財務書類等の見方および分析方法等の検討を進めた。平成30（2018）年3月，報告書として公表された研究会の検討結果の概要は図表序-4のとおりである。

■ 図表序-4　「地方公会計の活用の促進に関する研究会報告書」概要

1　地方公会計の活用に向けて
• 地方公会計については，整備の段階から活用の段階へステージが変わってきているが，適切に固定資産台帳を更新し，財務書類を適切に作成することが前提。その上で，財務書類及び各種指標の類似団体比較，経年比較等により，多面的に状況を分析することが可能となる。 • これらの情報を課題の解決に向けたプロセスにおいて利用することにより，適切な判断が行うことができるようにすることが重要。
2　財務書類等の適切な作成のために
（1）固定資産台帳の更新
• 東京都，浜松市，習志野市，宇城市，和光市の固定資産台帳の更新実務の実例を参考に，新たに取得した資産の登録や支出に関連しない除却等の確認方法，更新のスケジュール等について，具体的な取組方法を整理。
（2）固定資産台帳の公表
• 民間事業者のヒアリングを踏まえ，公有財産の利活用等を提案する側としても，固定資産台帳の情報は有用であること，公表にあたっては編集可能なデータ形式が望ましいこと等を確認。利活用したい資産がある場合には，固定資産台帳の公表と併せて，その意向等を示すことが有効。
（3）財務書類の適切な作成に資するチェックリスト

	• 統一的な基準に沿って財務書類が正確に作成され，資産負債内訳簿等の金額と整合性がとれていること等を確認するためのチェックリストを整理。

3 財務書類等の見方及び分析方法について

（1）財務書類の見方【P.2 ～ P.5】

- 財務4表のそれぞれについて，地方公共団体特有の制度を踏まえ，注目すべき勘定科目や併せて確認すべき附属明細書，注記の記載とその意味，財務書類には計上されていない資産の存在等分析に当たって留意すべき事項等を整理。

（2）指標等による分析【P.6 ～ P.9】

- 財務書類等のデータから得られる主な指標の算出方法と，その数値から得られる情報及び留意事項等について整理。なお，財務書類及び指標については，経年比較や類似団体の比較により分析することが有効。
- 事業別・施設別等のセグメント分析に必要な費用の配賦基準等については今後の検討課題。

（3）事例

- 11事例について活用に至るまでのプロセス等に沿って整理。

4 その他

- 地方公共団体の職員に対する人材育成が極めて重要。総務省が行っている研修については活用に向けた取組を習得できる内容への転換や充実が望まれる。
- 実務の進捗を踏まえ，「統一的基準による地方公会計マニュアル」の各手引き等を改正。

出所：総務省報道資料（2018）「地方公会計の活用の促進に関する研究会報告書（概要）（3月30日）」。

　報告書では，固定資産台帳の更新実務，固定資産台帳の公表形式，財務書類の正確性・整合性等を確認するためのチェックリスト，財務書類の見方，指標等による分析方法等が提示されている。活用の第一段階では，各地方公共団体はこれらのノウハウを積極的に利用して，財務書類等の情報の信頼性を高め，情報の理解度を向上させる取組みが重要である。

　さらに次のステージでは，各地方公共団体は自らの抱える課題の解決に，地方公会計の整備によって得られた情報を，どう活用するかが問われてくることになる。その段階では，各地方公共団体が，先進事例等を参考に創意工夫を重ねることが求められており，今後の取組みから多くのグッドプラクティスが得られることに大きな期待が寄せられている。

序　章
地方公会計整備の経緯

4. 地方公営企業会計の見直しの経緯

　地方公会計の基準の統一化の動きの一方で，地方公営企業の会計基準の改定の議論もほぼ同時期に進められてきた。

　地方公営企業会計制度は，昭和41（1966）年以来，大きな改正のないまま推移してきたが，平成21（2009）年12月，総務省が設置した「地方公営企業会計制度等研究会」から報告と提言が行われ，平成24（2012）年2月，それをもとに見直された関係政省令等の改正（会計規則等の改訂）により，ようやく新しい基準に生まれ変わった。この改定会計基準は，平成26（2014）年度の地方公営企業の予算決算から適用されている。

　改定された会計基準の特徴は，①企業会計原則を最大限取り入れたこと，②地方公営企業の特性等を適切に勘案したこと，③地域主権の確立に沿ったものであること（経営の自由度の向上を図る観点から，資本制度等の見直しを行ったこと等）である。

　地方公営企業会計制度等の見直しの背景は図表序-5のとおりである。

　この見直しの背景には，公的セクター全体に共通する会計改革の必要性への対応の側面と，公営企業という事業形態を取り巻く環境が近年大きく変化してきている等の，地方公営企業制度に固有の課題への対応の側面との両側面がある。加えて，地方公営企業の会計制度は，すでに企業会計方式を採用しており，今回はその見直しの議論であるので，地方公会計の整備とは一線を画す内容となっている。ただし，地方公共団体の会計の整備という大きな潮流のなかで，その流れの一環として捉える見方も必要である。

　なお，今日，地方公営企業会計制度が適用されていない公営企業も数多く存在する。それらの公営企業においても，地方公営企業会計基準が適用されていくことは望ましいことである。この地方公営企業法の適用（法適化）の拡大については，現在，総務省において，次のような適用拡大に向けた促進策の検討が進められている（図表序-6）。

9

■ 図表序-5　地方公営企業会計制度等の見直しの背景

1　公営企業を取り巻く環境の変化
～事業・サービスの拡充期から人口減少社会，インフラ更新・縮小時代へ～
○事業・サービスの拡充が求められた時代と比べて，人口減少社会，インフラ強靱化・更新・縮小時代へ転換する中で，経営革新や経営判断に必要な損益の認識，資産・負債の把握等を正確に行う必要が強くなっている。
2　公営企業の抜本改革の推進
○「債務調整等に関する調査研究会報告書」（平成20年12月5日）において，「総務省においては，公営企業の経営状況等をより的確に把握できるよう，公営企業会計基準の見直し，各地方公共団体における経費負担区分の考え方の明確化等，所要の改革を行うべきである。」との提言がなされている。
3　地方分権改革1の推進
○地方分権改革推進委員会の第2次勧告（平成20年12月8日），第3次勧告（平成21年10月7日）及び第4次勧告（平成21年11月9日）において，「義務付け・枠付けの見直しと条例制定権の拡大」及び「地方自治体の財務会計における透明性の向上と自己責任の拡大」が掲げられた。
4　民間の企業会計基準の見直しの進展
○企業会計基準の見直しの進展により，事業の財政状態及び経営成績をより適切に表示しうるものとなっていること，また，民間企業との比較分析を容易にするためにも企業会計制度との整合を図る必要が生じている。
5　他の公的セクターの会計改革の推進
○地方独立化を選択する地方公営企業も増えており，同種事業の団体間比較のためにも，地方公営企業会計基準と企業会計原則に準じた地方独法会計基準との整合を図る必要が生じている。
○地方公会計の整備における会計モデルも，企業会計原則に準じた会計制度が導入されている。

出所：総務省自治財政局公営企業課（2013）「地方公営企業会計制度の見直しについて（12月）」。

■ 図表序-6　適用拡大に向けた促進策の検討

課題	促進策
1．適用事例（先例）が少数	(1) マニュアル・実例集・質疑応答集の拡充 • 事業分野ごとの課題に対応したマニュアルにおける解説の充実（共同発注の事例紹介含む） • 法適用に対応した実例集・質疑応答集の作成 (2) モデル事業の実施による先進事例の創出の検討 • 先駆的に実施される取組みを支援し，適用事例を創出 • 上記取組みで得られた知見等を報告書等にまとめるとともに，当該事例に係る各種実例（例規，契約書等）を全国に共有

2. 人手不足	(3) 経営アドバイザー・人材ネット等による人的支援の拡充 (4) 都道府県等の支援
3. 理解不足	(5) 理解醸成の促進
4. 適用の円滑化	(6) 地方財政措置の拡充等の検討（簡易水道・下水道以外の 事業への措置）

出所：一般財団法人自治総合センター（2018）「地方公営企業法の適用拡大等に関する調査委員会報告書　参考資料（3月）」。

5. 地方公共団体の内部統制・監査制度の確立へ向けた取組み

　地方公共団体の内部統制・監査制度の確立へ向けた取組みに関しては，総務省内の研究会において，「監査指針」策定と「内部統制ガイドライン」策定の検討が次のように進められている（図表序-7）。

■ 図表序-7　「監査指針」と「内部統制ガイドライン」の策定についての議論の進め方

「監査指針」策定について
• 監査における基本原則（監査基準（案）となりうるもの。）を明らかにするとともに，それに沿った実務のあり方を実施要領として策定し，両者をあわせて監査指針とする。

「内部統制ガイドライン」策定について
• 「長による内部統制の評価及び報告」及び「監査委員による内部統制評価報告書の審査」について，具体的に，各地方公共団体で，①どの主体が，②どのような手順で，③どのような作業を行い，④どのような点に留意する必要があるのかを示し，ガイドラインとする。

出所：総務省（2017）「地方公共団体における内部統制・監査に関する研究会（第1回）資料3（10月）」。

第 **1** 章

新地方公会計統一基準の概要とポイントおよび監査の留意点

1. はじめに

（1）財務書類の必要性

　新地方公会計統一基準（以下，統一基準）に従って財務書類を作成するに当たっては，固定資産台帳の整備が必要になる。われわれの生活を支えるインフラが老朽化してきていることが明らかになるであろう。たとえば，学校，図書館，道路，橋，上下水道といったインフラは，建設から年数を経ていれば維持更新費は多額になる。人口減少により，実際に税収が減ることが確実なのであれば，その維持更新費を賄うことでさえ非常に困難である。有利子負債が多く，税収の減少が見込まれ，社会保障費が伸びているなかで，インフラの維持更新は難しい。耐用年数を超えてインフラを使用して，自然災害や事故等があった際にはどうするのか。そのような際に避難所となる学校等の公共施設整備をしていなければどうなってしまうのか。人口減少に伴う税収不足により，行政職員はもちろん警察や消防などに従事する職員の人数も減少したら，災害時の対応，復旧はどうなるか。少子高齢化，そしてついには人口減少が現実化してきている。つまりは実際にどの地方公共団体でも税収や利用料収入の減少が見込まれつつある。一部の地方公共団体では，たとえば子育て支援策によって，子育て世帯と子供の数が転入，増加しているとしても，日本全体でみれば着実に人口減少に転じている。早晩どの地方公共団体でも，水道，ガスといった生活基盤も含めて，大幅な料金引き上げを受益者負担として求め，さらには行政サービスを提供できなくなるおそれが出てくる。そのようなことのないように地方公共団体の会計は資産負債改革であるという原点に立ち戻り，統一基準によって，より一層の透明化と見える化に対応して地方公共団体の固定資産台帳の整備を進め，そして財務書類の整備，さらなる財務書類の活用を進めなければならない。

第1章
新地方公会計統一基準の概要とポイントおよび監査の留意点

(2) 財務諸表の作成状況

　総務省は，全国の地方公共団体が統一基準によって財務書類が整備されたかを調査している。総務省の平成29年3月現在の調べでは，全国地方公共団体の98.9％の1,767団体が，総務省が要請した期間内（平成30年3月まで）に整備を完了するとのことである。

　総務省の要請もあり平成29年度までは各地方公共団体でも統一基準による財務書類の作成に重点が置かれてきた。その結果ほぼすべての地方公共団体が統一基準に基づく財務書類の作成を完了しようとしている。今後毎年継続的に作成されることとなろう。統一基準による財務書類の作成段階から，今後は作成された財務書類の利活用が一層必要とされる段階に移行してきている。

2. 財務諸表作成基準と監査の視点

(1) 作成基準

　公会計の財務書類では，企業会計にはない予算や，地方自治体の経営という観点からの資源配分を，住民が意思決定可能なようにしなければならない。これらを達成するために，適切なストック，フロー，コスト，アウトカムの測定とディスクロージャー（情報公開），そしてその信頼性が必要である。しかし，公会計は，そのような情報の透明性や情報公開を確保し，決算を開示するためだけの手段ではない。受託者である行政の説明責任を果たさなければならないアカウンタビリティの概念を，パブリック・アカウンタビリティとして拡大し，資金や資源の効果的・効率的な使途や予算編成，資産・債務の管理などの意思決定と業務執行の結果として，住民により一層明瞭に報告する必要がある。

15

財務報告の説明責任の観点からの有用性は，報告期間における過去情報に関して要請される。そして意思決定の観点からの有用性は，将来予測のための情報が重要となる。つまり，説明責任目的によって提供される情報は，期末の財政状態に関する情報であり，そこから将来情報を予測することで意思決定に有用となる。

　したがって，説明責任は財務報告の第一義的な目的であり，真の説明責任は情報の透明性から導かれるものである。なお，納税者・市民にとっても，行政にとっても，資源配分や資産・負債改革等の政策上の意思決定は，財務報告に基づいて行われることが必要である。

　経済的または政治的意思決定を行う上記の情報利用者に対し，意思決定に有用な情報をわかりやすく開示することが重要である。説明責任の履行と，資産・債務管理や予算編成，行政評価等に有効に活用することで，マネジメントを強化し，財政の効率化・適正化を図ることにつながる。

（2）監査の視点

　過去に，地方公共団体の監査委員監査やさらには会計検査院の検査でも指摘があったように，古くは，現金や固定資産などの横領や着服，取引業者との共謀，給与や出張等の経費精算，収益・費用の計上や借入金返済の期間帰属を利用したものなど，併せて伝票や証憑の改ざん，隠ぺい，最終的に会計上の損失につながるようなものが多かった。

　しかし，地方公共団体の事務事業は大変に広範で複雑であるうえ，統一基準による財務書類の整備により，見える化・透明化を進めるものであるものの，一方で，減価償却費や各種引当金をはじめ会計上の見積りや予測が増え，システムの不適切な操作や設定も起こりやすく，対象となる資産も無形資産なども含まれるため「見えにくい」ものが増えている。

　さらに，現在，地方公共団体の内部統制の議論も進んでいるが，たとえば，連結の範囲に含まれる公営企業等ばかりか，地方公共団体は少なからず県外事務所や海外事務所などもあり，それらの管理体制，内部監査などのモ

ニタリングの実効性向上が求められる。

そのため，財務書類の利活用が一層必要とされる段階に移行してきている
なか，地方公共団体の内部統制や監査委員監査について地方自治法の改正が
見込まれており，今後は財務書類の利活用の一環として，内部統制や監査の
視点は大変重要になってくると考えられる。

したがって，重要な勘定科目に対して，内部統制や監査のポイントを取り
上げた。統一基準による財務書類を作成する地方公共団体の各部署にとって
も効率的に監査を受け入れる準備が可能になろう。また，監査委員や同事務
局等の担当者にとっても内部監査を実施するに当たって有用な視点となろ
う。財務書類を作成する側と監査を実施する側は，相対するものではなく，
住民市民のために，両者で協力して財政状況を適切に開示し，ともに地方公
共団体の透明化と見える化に取り組む関係として捉える必要がある。

なお，ここでは財務監査の視点のみを記載し，公監査における重要な視点
である法規準拠性公監査や業績（行政成果）公監査の着眼点については記載
対象とはしていない。

(3) 各勘定科目の作成基準と監査の視点

❶ 有形固定資産

〈 作成基準 〉

有形固定資産は，原則として，取得原価が判明しているものは取得原価に
より，取得原価が不明なものは再調達原価（道路等の敷地は備忘価額１円）
で評価して貸借対照表に計上する。また，当初年度以後は，償却資産につい
ては，取得原価から減価償却累計額を控除して帳簿価額を測定する。

なお，償却資産とは，使用期間が長期間で，時間の経過や使用によりその
価値が減少するため減価償却の対象となる固定資産をいう。非償却資産と
は，時間の経過や使用によって価値が減少しないということから減価償却を
行わない固定資産をいう（具体的に，土地，借地権・地上権・地役権など土

地の上に存する権利，美術，書画，骨とう，歴史的建造物，建設仮勘定等が挙げられる）。

インフラ資産は，インフラ資産として，事業用資産とは区分したうえで，道路，上下水道等を「土地」，「建物」，「工作物」などの表示科目を用いて計上する。

物品は，50万円（美術品は300万円）以上を固定資産に計上する。

〈 監査の視点 〉

有形固定資産は，建設または購入といった取得により増加し，減価償却計算が開始され，売却または廃棄といった処分により減少する。有形固定資産は，金額，数量ともに資産に占める割合から重要である。

実態のない固定資産が計上されるおそれとして，たとえば，見積書ベースで処理されてしまい，本来購入実態がないのにもかかわらず固定資産として計上されることや，除売却していないのにもかかわらず固定資産を除売却処理されることがある。逆に購入等により実態が存在するが固定資産として計上されないおそれもある。そのようなことのないように，購入・建設の承認手続き，契約書・権利書，固定資産の現物調査，売却・廃棄の引渡しを確認する。

建設仮勘定が建物等の本勘定に振り替えられないおそれとして，たとえば，有形固定資産の完成が財務担当者に報告されない（ひいては建物の減価償却計算も行われないこととなる）おそれもある。そのようなことのないように，固定資産の管理部門から財務担当への完成報告の仕組みを構築する，財務担当による建設仮勘定の進捗を定期的に確認する仕組みを構築することが必要となる。

有形固定資産は，使用や時の経過に伴い価値が低下することから，仮定計算として減価償却計算を行うが，この仮定計算の前提となる基礎である耐用年数や残存価額の設定といった減価償却計算を誤るおそれがある。そのようなことのないように，システムへの入力チェック，台帳上での確認，妥当性

のチェックなどが必要になる。特に，取得や売却など固定資産の大きな変動が見込まれる場合には，慎重に確認する必要がある。

固定資産に関する不正の主なものとして，第1に，本来，費用計上すべきものを固定資産として計上することで，費用を翌期以降に繰り延べることがある。たとえば，本来，当期の費用である10億円を固定資産として計上し，10年間でその固定資産を定額償却すると，当期に9億円のコストを低減しているようにみせることができる。非常に単純ではあるが，それだけに頻繁に用いられるリスクがある。そのため，資産計上に関する内部統制が重要となる。第2に，固定資産の横領である。横領後に当該資産は，第三者に転売，換金され，現金を着服するか，当該資産を私的に流用することもある。これには固定資産の購買・管理に関する内部統制が重要となる。

❷ リース

〈 作成基準 〉

リース会計は，ファイナンス・リース取引を，経済的実質を重視して売買取引または金融取引であると考えて処理し，リース資産およびリース債務を貸借対照表に計上する。

オフ・バランス，つまり実質的に資産や負債があると認められるにもかかわらず，貸借対照表に載っていない状態を回避するためである。なお，リース取引については，リース資産の計上と把握も重要だが，ほぼ確定債務といえるリース債務についての計上と把握も重要である。

ファイナンス・リースにおける資産評価方法等は図表1-1のとおりである。所有権移転外ファイナンス・リース取引および重要性の乏しい所有権移転ファイナンス・リース取引は，通常の賃貸借取引にかかる方法に準じて会計処理を行うことができる。

リース資産については，その性質に応じて，有形固定資産または無形固定資産に属する各勘定科目（建物，工作物，物品等）に含めて計上する。また，リース債務については，1年以内に支払期限の到来するものは流動負債の「そ

■ 図表 1-1　ファイナンス・リースにおける資産評価（所有権移転の有無ごと）

種類	所有権移転	所有権移転外
取得価額	• 貸手の購入価額が判明している場合 →貸手の購入価額	• 貸手の購入価額が判明している場合 →リース料総額の割引現在価値と貸手の購入価額または見積現金購入価額とのいずれか低い額
	• 貸手の購入価額が不明な場合 →リース料総額の割引現在価値と貸手の見積現金購入価額とのいずれか低い額	• 貸手の購入価額が不明な場合 →リース料総額の割引現在価値と貸手の見積現金購入価額とのいずれか低い額
耐用年数	• 経済的使用可能予測期間	• リース期間（ただし，再リース期間を含めてファイナンス・リース取引の判定を行った場合は，再リース期間も耐用年数に含める）
減価償却	定　額　法	

出所：総務省（2016）「資産評価及び固定資産台帳整備の手引き」Ⅳ.3 リース資産（「統一的な基準による地方公会計マニュアル（平成 28 年 5 月改訂）」）。

の他」，1 年を超えて支払期限の到来するものは固定負債の「その他」に計上する。

〈 監査の視点 〉

　ファイナンス・リース取引とオペレーティング・リース取引の区分を，経済的実態に基づいて区分するために誤るおそれがある。また，ファイナンス・リースのうち，所有権移転ファイナンス・リースと所有権移転外ファイナンス・リースの取引分類を誤るおそれがある（減価償却計算の耐用年数等が異なる）。リース区分の確認方法としては，リースの取引明細書を入手し，リース取引の新規契約と解約を把握，会計帳簿と契約書などと突き合わせる。さらに，ファイナンス・リース取引か否かを検討する数値基準を形式的に満たすか否かではなく，契約内容の検討と各担当への質問やヒアリングを通じ経済的実態を把握する必要があることに留意する。

　ファイナンス・リース取引では，リース資産とリース債務を両建てで計上

第1章
新地方公会計統一基準の概要とポイントおよび監査の留意点

し，その計上額は，契約締結により合意されたリース料総額から利息相当額を控除して算定する。この際，このリース料総額や利息相当額の計算を誤ることで，リース資産とリース債務の計上額を誤るおそれがある。そのため，必要に応じ再計算して確認する。

なお，所有する物件を貸手に売却し，貸手から当該物件のリースを受ける取引を「セールアンドリースバック取引」という。たとえば，所有する建物をリース会社に売却し，当該建物をリース会社から借り受け，そのまま用いる場合，実質は何も変わらないにもかかわらず現金を得ることが可能となる。適切な会計処理を検討することが重要である。

❸ 無形固定資産

〈 作成基準 〉

無形固定資産の開始時簿価は，原則，取得原価で計上する。無形固定資産のうち，特許権，著作権，商標権などの無体財産権は，耐用年数省令に定める償却資産として，定額法により減価償却を行う。

各地方公共団体が所有しているソフトウェアは，財務会計システムや税務システムを，外部から購入あるいはオーダーメイドで制作する。このようなソフトウェアの利用により将来の費用削減が確実であると認められる場合には，当該ソフトウェアの取得に要した費用や製作等に直接要した費用を資産価額として計上する。

〈 監査の視点 〉

無形固定資産は，有形固定資産と違い，存在の実在性を確認することが困難であり，さらに過大に評価されるおそれがある。そのため購入等の承認手続き，無形固定資産の管理台帳や契約書等の確認が必要になる。

無形固定資産のうち，ソフトウェアについては，自団体で制作するケースなどにより，費用削減効果が確実である場合などは，経済的実態に基づく実質判断が求められ，本来は支出であるものが無形固定資産に計上されるおそ

21

れがある。逆に，無形固定資産に計上すべき支出を無形固定資産に計上せず
に費用処理してしまうおそれもある。無形固定資産に含めたのか費用処理し
たのか書類を再確認するとともに，その判断の根拠と経緯を文書化，マニュ
アル化，チェックリスト化することで，処理をその都度，個別判断に任せな
い仕組みがあるか否かを確認する。

　本来費用として計上すべき制作費用・開発費用等の支出を，ソフトウェア
として無形固定資産に計上し，費用を翌期以降に繰り延べることがある。特
に自ら開発したソフトウェアの場合，支出の多くは人件費など実態を確認し
にくいものであり，悪用される可能性が高く，発見も困難な場合がある。ソ
フトウェアを資産計上する場合，確認体制を整備する必要がある。

❹ 現金預金

《 作成基準 》

　現金預金に計上するものは，現金（手許現金および要求払預金）および現
金同等物から構成される。このうち現金同等物は，各地方公共団体が資金管
理方針等で歳計現金等の保管方法として定めた預金等をいう。なお，歳計外
現金およびそれに対応する負債は，その残高を貸借対照表に計上する。

　未収金は，現年調定現年収入未済の収益および財源をいう。

　短期貸付金は，貸付金のうち，翌年度に償還期限が到来するものをいう。

　基金は，財政調整基金および減債基金のうち流動資産に区分されるものを
いい，「財政調整基金」および「減債基金」の表示科目を用いる。

《 監査の視点 》

　期末日前の取引が今期に計上すべきか次期に計上すべきか期間帰属を評価
し，現金預金勘定に計上漏れがないかを確認する。その他，財務書類上の表
示金額の誤り，1年基準による長期・短期の分類表示の誤りなどがないかを
確認する。

　また，日々の業務で使用する現金や預金を担当者が流用や着服するような

不正が行われることにより，現金預金が実在しないにもかかわらず，財務書類上で計上されているおそれがないかを確認する。

具体的には，月次平均，期末残高などと推定値を比較し，乖離の内容を確かめる分析的手続，自ら実際に数えて確かめる実査，管理簿・管理台帳との照合，金融機関など第三者への文書による勘定残高の問い合わせと回答の直接入手をする残高確認などにより確認する。

現金や預金に関する不正として，出納・財務担当者による預金の使い込みや不正送金がある。個人の借金の返済や遊興費やギャンブルへの充当という動機が多く，一時的に預金に手をつけ，チェック体制が甘く機能しないため，金額がふくらみ，結局返済ができなくなるケースなどもある。

虚偽の送金や支払い・払込みの仮装による現金の横領は，送金記録や支払記録の承認や検証が適切に実施されていれば長期間判明しないということはない。現金預金の横領の場合は，現金や預金の実際有高と帳簿残高を比較すれば，その差異が生じるため，出納・財務担当者以外の第三者が，実際有高と帳簿残高を定期的に照合・確認する必要がある。

また，小口現金の収受が多頻度で行われる場合は，お釣りの渡し間違いなどとは別に，恒常的に一定額が合わない場合や定期的に差異が生じる場合は，不正の可能性が考えられるので留意する必要がある。

❺ 有価証券

〈 作成基準 〉

有価証券の評価は，有価証券をその保有目的に基づいて，満期保有目的の有価証券，満期保有目的以外の有価証券の2つに区分し，それぞれの分類ごとの評価と会計処理を行う。

満期保有目的の有価証券（債券）は，満期までの保有期間における利息の受取りと満期時の償還額の受取りがなされる。そのため，償却原価法（債券を額面金額と異なる価額で取得した場合に，額面金額と取得価額の差額を金利の調整と認め，当該差額を償還期に至るまで毎期一定の方法で貸借対照表

価額に加減する方法）に基づき，貸借対照表価額を計算し，期末で時価評価をしない。

各区分のいずれとも，市場価格のあるものについて著しく下落した場合，回復の見込みが認められる場合を除き，貸借対照表では評価減の処理を行い，差額を行政コスト計算書の臨時損失に計上する。また，満期保有目的以外の有価証券のうち，市場価格のない有価証券の実質価額が著しく下落した場合にも，実質価額の回復可能性がある場合を除き，貸借対照表では評価減の処理を行い，行政コスト計算書の臨時損失に計上する。

《 監査の視点 》

有価証券の期末残高は，数量，取得価額，帳簿価額を集計するが，期中での購入・売却が適切に反映されているか，期末の評価の際に誤った時価を参照していないか，利息や配当の入金，損益と期末帳簿価額と一致しているかなどを確認する。

また，有価証券の保有目的は基本的に正当な理由がなく変更してはならないため，変更された際には取得時の目的と規定に準拠しているかを確認する。有価証券は流動性が高く換金可能性も高いため，現金預金同様の不正のおそれを踏まえて確認することも必要である。

さらに，地方公共団体であっても，地域の基幹産業や上場企業の株式を保有するケースもあるが，その際には取引所の相場，保有している企業の財政状態も変動するので，期末評価は重要であると認識のうえ，確認する。

加えて，有価証券による損失先送り取引，含み損失を一時的に帳簿外にする取引，デリバティブや仕組債などを保有する可能性もあろうが，目先の運用利回りと住民からの信託による税金の使途として適切かという観点での取引目的の合理性の評価，加えて期末日の評価として，特に有価証券の減損処理について，極めて厳格に確認する必要がある。

❻ 棚卸資産

〈 作成基準 〉

棚卸資産は，取得価額をもって貸借対照表価額とし，低価法（「会計年度末の帳簿価額」と「正味実現可能価額；通常の事業の過程における予想売価から，完成までに要する見積原価および販売に要する見積費用を控除した額」のいずれか低い額）に基づき測定する。

〈 監査の視点 〉

棚卸資産の現物は実在するか，網羅的に計上されているか，棚卸資産は評価損を計上すべき状態かなどを，実地棚卸に立ち会うことなどの手続により確認する。

特に，販売用不動産の場合は，登記簿により所有権を確認，一覧リストを入手，現場視察を行ったうえで，実際に存在しているかに加え，工事の進捗などを確認する。確認と評価の妥当性の検討に当たっては，開発・販売計画，不動産鑑定士評価などを入手する場合もある。

棚卸資産の現物確認は，架空計上を防ぐ観点から有効な手段である。しかし，現物確認を回避するためにさまざまな手立てを講じられることで，不正の発見が難しくなる。また，現物を確認しても，未成工事支出金の金額算定は困難である。その結果，棚卸資産の水増しが行われることがあるので留意する必要がある。

❼ 借入金

〈 作成基準 〉

地方債は，地方公共団体が発行した地方債のうち，償還予定が1年超のものを固定負債として計上し，1年内償還予定地方債は，地方公共団体が発行した地方債のうち，1年以内に償還予定のものを流動負債に計上する。

〈 監査の視点 〉

　借入金は，将来の返済と金利の支払いを約定して調達する資金である。借入金は，1年基準に基づき流動負債と固定負債に計上する。返済期限が1年以内であれば短期借入金として流動負債に，1年を超えるのであれば長期借入金として固定負債に計上される。また長期借入金のうち1年以内に返済期限が到来するものについては流動負債に振り替える必要もある。

　借入金は，現金の入金があるために，粉飾に使われる可能性がありえる。事実，金融機関からの一時借入金，一般会計と特別会計間での貸付・返済によって不適切な財務処理を行った事例が過去に起きた。借入金は，金融機関のほか一般の投資家が想定されるが，仮に関係法人や通常想定しにくいものの特定の企業を利用した不正な取引が起き得ないとも限らないので留意が必要である。

　貸借対照表において負債の大きな金額を占める借入金が増えることをきらい，本来，借入金によって現金が増えたにもかかわらず，借入金を増やさずに現金が増えたようにみせる不適切な処理が考えられる（たとえば，固定資産を売却して現金が増える場合など）。そのように借入金の網羅性を確認するために，承認手続契約書などを確認する必要がある。適切な金額で表示されているか否かについては，返済スケジュールおよび利息なども併せ，定期的に借入先から借入金の未返済残高を確認しているかを検証することが有用である。なお，外貨建ての借入金の場合は，換算レートや換算計算の正確性を確認する必要がある。

　地方債・長期借入金は，通常固定資産の建設といった設備投資の資金となるため，固定資産の増加とともに借入金の増加になる。また，一時借入金・短期借入金は，一時的な運転資金の確保であるため，通常は現金預金の増加とともに一時借入金・短期借入金が増加する。比率や増減額の推移を分析し，著しい変動の有無，原因分析を行い，検証する。

| 第1章 |

新地方公会計統一基準の概要とポイントおよび監査の留意点

> **参考** －総務省（2017）「平成29年版 地方財政白書」（3月）より抜粋－
> 平成27年度末における地方債現在高は145兆5,143億円で，前年度末と
> 比べると0.3％減（前年度末0.0％増）となっている。また，平成27年度末に
> おける臨時財政対策債を除いた地方債現在高は94兆8,476億円で，前年度末
> と比べると2.7％減（前年度末3.4％減）となっている。

❽ 未払金・未払費用

〈 作成基準 〉

　未払金は，基準日時点までに支払義務発生の原因が生じており，その金額
が確定し，または合理的に見積もることができるものをいう。長期未払金は，
地方自治法第214条に規定する債務負担行為で確定債務とみなされるものお
よびその他の確定債務のうち流動負債に区分されるもの以外のものを固定負
債に計上する。

　未払費用は，一定の契約に従い，継続して役務提供を受けている場合，基
準日時点においてすでに提供された役務に対していまだその対価の支払いを
終えていないものをいう。

〈 監査の視点 〉

　未払金と未払費用は混同しやすい勘定科目名である。未払金の事例として
は，固定資産や物品の購入代金，有価証券の購入代金の未払いをいう。また
未払費用の事例としては，賃借料や利息などの当期の費用としてすでに発生
した経過費用の未払い分になる。未払金も未払費用も，いずれも負債勘定に
なる。未払費用は経過勘定項目といい，当期の費用なのか翌期の費用なのか
適切な期間配分が重要である。

　未払金については，購入代金の支払いにみせかけ，担当者と取引先等の外
部者が共謀して，着服するおそれがある。たとえば，外部のシステム業者か
ら，システムの保守サービス費用といった架空の外注費を請求させるなどが
考えられる。その他，未払金を含む経費に関連した不正としては，カラ出張
の申告による旅費の水増し請求，領収書の改ざんによる水増し請求，支払い

27

済み請求書や領収書の二重請求・精算等の不正もありうる。さらに，未払金の支払いでは，振込担当者が支払先ではなく自分の口座などに振り込み着服することもありうる。いずれもまずは内部統制の構築により職務分掌を十分に行う必要がある。

❾ 徴収不能引当金

〈 作成基準 〉

貸付金等に対する徴収不能見込み額として，過去の回収不能の実績から見積もった金額を計上する。徴収不能引当金の算定方法は，債権全体または同種・同類の債権ごとに，債権の状況に応じて求めた「過去の徴収不能実績率（過去5年間の不納欠損決定額／過去5年間の不納欠損決定前年度末債権残高＝不納欠損率）」を乗じて求める。

〈 監査の視点 〉

徴収不能引当金は，貸付金に対する評価性引当金であり，徴収不能引当金を計上することで資産が減少するとともに徴収不能引当金繰入額の費用が増加することから，徴収不能引当金が過少に計上されないように留意する必要がある。また，さまざまな仮定の設定と見積りの計算を経るために誤るおそれにも併せて留意する必要がある。

貸付金等の債権に関して滞留リストの作成と回収というような適切な管理を行う必要がある。回収可能性がまったくない場合には引当金計上せずに，貸付金等の債権に対して直接減額，消却の処理を行うことから，引当金が計上されないようにしなければならない。また，引当金計上の対象となる債権である貸付金の短期・長期の分類により，財務諸表上の表示は固定資産または流動資産とに区分される。引当金の設定対象となる債権区分の妥当性，徴収不能の実績率の算定に関する仮定条件などが適切かどうかを確かめることとなる。なお，貸付金については，請求書金額の水増しによる着服，貸倒債権の着服，貸倒引当金の過少計上などを防止するため，十分な内部統制を構

築する必要がある。さらに，貸倒処理後の債権管理および回収も適切に行う必要がある。

⑩ 賞与等引当金

〈 作成基準 〉

　賞与等引当金は，職員への翌期の賞与の支払いに備え，当期分を合理的に見積り計上する。賞与の支給額が確定していなくても，支給することが見込まれる額のうち当期負担分を引当計上する。またここでは法定福利費も含めるため，賞与等と，「等」を付して計上する。

〈 監査の視点 〉

　賞与等引当金は，期末時点の職員数をもとに勤務期間や昇給等を踏まえて計上されるが，正確な職員数に基づいて計算されていない場合，引当金の計上が適切に行われないこととなる。そのため，人事データの入力，定期的更新などの管理状況をチェックする。また人事データ，給与規定といった算定根拠と照らし合わせ，仮定や見積りについても確認する。過年度の金額や推計値などと比較し，増減の程度を分析することが可能である。

　民間企業ほどに利益額や業績に連動して賞与を支給する例は少ないものの，今後，地方公共団体の職員に対しても業績連動にかかる賞与が支給されることとなった場合には，当該業績の推移との相関性を確かめる必要がある。

⑪ 退職手当引当金

〈 作成基準 〉

　期末自己都合要支給額といわれる，期末現在において全職員が退職すると仮定して，退職金規定等に基づいて，全職員に対する退職金の支給総額を計上する。さまざまな前提と複雑な仮定計算をせずとも，ある程度合理的に，コストを把握，見積もることが可能な算定方法の1つである。

〈 監査の視点 〉

退職手当引当金は，地方公共団体職員の将来の退職時の一時金や退職年金の支給に備えて，職員の労働の提供に応じて，実際に支給するのではなく，仮の計算額として計上するものである。統一基準で求めている計算方法である「期末要支給額」の計算方法は複雑な仮定設定や見積りを経ずに求められる。ただし，退職手当引当金の金額は，地方公共団体の財政状態やコストに大きな影響を与える。退職金規定，人事データ等のチェックは，賞与等引当金と同様に確認が必要である。いずれにせよ，引当金は見積計算であり，計上方針および手続が定められているか，見積根拠資料が整備されているか，計上金額のチェックがなされているかを確認する必要がある。

⓬ 純資産

〈 作成基準 〉

将来世代の税金負担や資産形成状況を判断するうえで，純資産の部を源泉との対応により，「固定資産等形成分」および「余剰分（不足分）」と区分して表示する。会計期間中の純資産の変動は，純資産変動計算書によって明らかになる。

固定資産等形成分は，資産形成のために充当した資源の蓄積で，原則として金銭以外の形態（固定資産等）で保有されます。換言すれば，地方公共団体が調達した資源を充当して資産形成を行った場合，その資産の残高（減価償却累計額の控除後）を意味する。また，余剰分（不足分）は，地方公共団体の費消可能な資源の蓄積をいい，原則として金銭の形態で保有される。

〈 監査の視点 〉

企業では，純資産の部，つまりは資本金にかかることであるので会社法に従って適法な処理が行われるかどうかが非常に重要になる。たとえば，登記簿謄本に記載されている資本金の額や発行済み株式総数等の閲覧に始まり，増資や減資，自己株式の取得，ストックオプションの行使などの資本取引の

すべてが適法で妥当な処理か否かを確認することになる。

　しかし，統一基準に基づく財務書類の純資産の部では，源泉との対応により，「固定資産等形成分」と「余剰分（不足分）」に区分して表示される。固定資産の額に流動資産における短期貸付金および基金等を加えた合計額が「固定資産等形成分」に記載されているかを確認し，そして「他団体出資等分」を純資産変動計算書から転記し，純資産額から「固定資産等形成分」と「他団体出資等分」の合計額を控除した金額が「余剰分（不足分）」に記載されているか，適切に計上されているか否かを確認することになる。

> **参考** －総務省（2017）「平成28年度都道府県普通会計決算（速報値）」（9月）－
> 都道府県および市町村等の財政状況を示した「平成28年度普通会計決算（速報値）」によれば，基金総額は2016年度末に21兆5,461億円である。基金を目的別の内訳でみると，公共施設の整備や社会保障などの「特定目的基金」が11兆4,781億円，税収減などに備える「財政調整基金」が7兆5,241億円，地方債など借入金の返済に充てる「減債基金」が2兆5,440億円である。地方債残高は140兆円を超えていることなどに照らせば，潤沢な基金の積み立て状況とはいえないであろう。

⑬ 経常費用

〈 作成基準 〉

　経常費用は，費用の定義に該当するもののうち，毎会計年度，経常的に発生するものをいう。経常費用は，「業務費用」および「移転費用」に分類して表示する。業務費用は，「人件費」，「物件費等」および「その他の業務費用」に分類して表示する。

〈 監査の視点 〉

　経常費用では，実際には発生していない費用を計上することがある。たとえば，カラ出張を申告し旅費を水増しして請求することや領収書の金額を改ざんし水増し請求する，などがある。さらに，外注業者へ実態のない受託業務を発注するケース，コンサルティング費用やシステムの保守サービス費用

等の架空の外注費を請求させることもありえる。サービスは無形資産の場合，取引の実在性の確認が物品の購入よりも難しい。さらにシステムなど内容に関して十分な知識がないまま職務分掌を行ってもモニタリングが機能しない場合もある。いずれも対応としては，職務分掌と内部統制に依拠するだけでなく，内部通報制度等も有効になる。

　なお，架空人件費に関する不正は，職員の退職後も在籍しているように装ったり，架空の職員を在籍させ，給与を支払うものである。また，アルバイトに対して現金で支給している場合でアルバイト代を不正に受給するケースもあろう。各種人事データとの整合性を確認する必要がある。

⓮ 経常収益

〈 作成基準 〉

　経常収益は，収益の定義に該当するもののうち，毎会計年度，経常的に発生するものをいう。経常収益は，「使用料及び手数料」および「その他」に分類して表示する。使用料及び手数料は，地方公共団体がその活動として一定の財・サービスを提供する場合に，当該財・サービスの対価として使用料および手数料の形態で徴収する金銭をいう。その他は，上記以外の経常収益をいう。

〈 監査の視点 〉

　固定資産の売却などは「使用料及び手数料」に該当し経常収益には該当しない。企業では，売上に相当し，不正の可能性が高くなる勘定科目と認識される。地方公共団体では，経常収益よりも，財源である税収等や国県等補助金が極めて大きな財政における重要な位置を占めているが，経常費用である行政コストに対して経常収益の割合があまりに低ければ，行政活動に支障が出ることをおそれ，架空計上するインセンティブが高まるかもしれない。公共施設をはじめとした資産の稼働率を厳しく問われれば，関連する「使用料及び手数料」をゆがめようとするインセンティブが高まるかもしれない。逆

に，職員が入金を着服する目的で，計上すべき「使用料及び手数料」を計上せず簿外処理するリスクが高まるかもしれない。定められた金額と異なる価格で会計処理するおそれもある。

現時点では，地方公共団体の経常収益に関して生じうる不正の可能性はここでは想像の域を出ないが，財務書類への影響（経常収益をゆがめるとともに債権管理にも影響）することもさることながら，「使用料及び手数料」のあり方の判断にも影響を与える可能性がある。そのため，さまざまな分析と各種の証憑により，経常収益を計上することとなった取引の実在性と経常収益の計上の妥当性を確かめる必要がある。

(4) 地方公会計改革と包括外部監査

地方公会計改革の結果，統一基準に基づき財務書類を作成することが求められ，いずれ財務書類の信頼性を確保する措置が必要といわれている。全国1,800の地方公共団体に対して財務諸表監査が導入される方向性での検討も将来的には可能性としてありうるかもしれない。現行の地方公共団体の監査制度の1つである，包括外部監査または個別外部監査では，財務に関する事務の執行として，統一基準に基づく財務書類の作成プロセスを検証する場合でも，統一基準に基づく財務書類の正確性を担保するいわゆる財務諸表監査，それに類似した信頼性を付与するものとはならないことに留意すべきである（詳細は**参考**のとおり）。

> **参考** **包括外部監査と財務諸表監査**
>
> 地方公共団体包括外部監査は，財務諸表監査ではなく，本項で記載した財務諸表監査の視点に基づく監査は実施されない。つまり，地方公共団体包括外部監査の目的は，官官接待やカラ出張などの不正経理を契機として制度導入されているため，会計処理が予算や法令等に従って適正に処理されているか（合規性）の観点で，独立した第三者として監査を行う。また，法律上「住民福祉の増進」「最小経費で最大効果」「組織運営の合理化」「規模の適正化」などが謳われているため，毎年テーマを選定しそのテーマについて，3E（経済性 = Economy，効率性 = Efficiency，有効性 = Effective）の観点を含んだ監査を行

うため，目的や手法が異なる。また，監査した結果，違法ないし不当な事項については「結果」（指摘事項）として監査報告書に記載し，監査対象団体の組織および運営の合理化に資する事項については「結果」とは区分して「意見」として監査報告書に記載するのであって，財務諸表監査の監査報告書とも様式は異なる。包括外部監査は，地方自治法 252 条の 37 に基づき財務事務の執行及び経営に係る事業の管理のうち，住民福祉の増進や最小経費で最大効果などの趣旨を達成するため必要と認められる特定の事件について監査するものであり，一方の財務諸表監査は地方公共団体の財政状態，経営成績等財務の状況をすべて重要な点について適正に表示しているかを，公認会計士が公認会計士法 2 条 1 項に基づき，信頼性を付与することとは異なる性格のものである。

3. 固定資産台帳の整備

（1）目的

固定資産台帳の目的は，会計処理の目的と資産管理の目的がある。

まず，会計上の目的としては，たとえば，財務書類には，「建物」や「減価償却費」といった勘定科目に総額が表示・開示されるが，その内訳までは開示されない。固定資産台帳は，各資産の計上額や減価償却費，それぞれの数値の算定基礎の妥当性の確認に役立つ。固定資産台帳は，減価償却の有無にかかわらず，固定資産すべてを網羅的に記載することになる。

また，資産管理の目的としては，各資産の情報を集約することが可能となることで，資産管理が容易になるとともに，資産が実際に存在するか否かを確認する実地棚卸・実地確認の際にも用いることができる。固定資産台帳に記載するだけではなく，常に，定期的に現物を確認して所在を明確にすることで，帳簿と現物が一致するようになり，減価償却費等の計上も一層正確になるなどが見込まれる。

資産評価及び固定資産台帳整備の手引き「固定資産台帳の記載項目の例：別紙 2」（総務省（2016）「統一的な基準による地方公会計マニュアル（平成

28年5月改訂)」）のとおり，固定資産台帳は，道路，公園，学校，公民館，つまりは会計上の土地や建物といった，各地方公共団体が所有するすべての固定資産について，取得価額や耐用年数等のデータを網羅的に記載する。それらの固定資産は，取得・購入時のみ処理するのではなく，固定資産としての使用を止め固定資産台帳から削除する除却・売却処分や廃棄の時まで，維持管理・修繕・更新等にかかる中長期的な経費の見込みを算出することや，さらには公共施設等総合管理計画を充実・精緻化することに活用することも可能となる。

　なお，固定資産台帳作成に当たっては，会計上の「資本的支出と修繕費」を区分して認識しなければならない。資本的支出は，支出が当該資産の価値・機能・寿命等を高めるものは固定資産に計上しなければならない。また，修復部分が現状復帰するのであれば修繕費になる。対象資産の保全のための修繕計画の有無や突発的な修理といった基準による判断とは異なるため資本的支出と修繕費を区分する際には留意が必要である。

（2）固定資産台帳と公有財産台帳の違い

　固定資産台帳の対象範囲は，すべての固定資産であり，取得価額，耐用年数，減価償却累計額等も含めた情報を把握する。

　「固定資産台帳」は，所有するすべての固定資産を，その取得・購入から除売却処分・廃棄に至るまでの経緯を個々の資産ごとに取得価額，耐用年数等のデータを網羅的に記載し，管理するための帳簿である。

　固定資産台帳に計上する，すべての固定資産とは，統一基準の財務書類に資産計上するすべての固定資産と同義であり，公有財産台帳の対象範囲である建物・土地・備品などと異なる（図表1-2）。つまり，公有財産台帳に含まれずに各個別法・各部署で把握しているような，道路や河川といったインフラ資産，橋梁，下水道，公園，プール（さらにそれらの建設費や各施設の機械も含む）をはじめとした有形固定資産はもちろん，ソフトウェア，借地権や地上権といった無形固定資産も対象となる。

■ 図表 1-2　公有財産台帳と固定資産台帳の相違

	公有財産台帳	固定資産台帳
管理の主眼	財産の保全，維持，使用，収益等を通じた現物管理	会計と連動した現物管理
対象資産の範囲	建物・土地・備品等が中心（道路，河川などは同台帳上に整備されていない）	すべての固定資産
資本的支出と修繕費	明確な区分なし	区分あり
付随費用	明確な区分なし	区分あり
金額情報	なし（原則）	あり
減価償却	なし	あり

出所：総務省（2016）「固定資産台帳と公有財産台帳の主な相違点：別紙1」（「統一的な基準による地方公会計マニュアル（平成28年5月改訂）」）。

　また，固定資産台帳では，取得価額，耐用年数，減価償却累計額等も含めた情報を把握するが，公有財産台帳では，金額情報が不明であるといった固定資産も多々存在するようだ。そのため，多くの地方公共団体では，固定資産台帳の作成にとりかかることとなっても，どこから作業に着手したらよいか，どのような手続で進めればよいかがわからず，膨大な固定資産の評価作業を前に途方に暮れることもあると聞く。その場合でもまったくゼロから固定資産台帳の整備をスタートさせるのではなく，公有財産台帳等のすでにある資料やデータを有効活用し，効率的に進める必要がある。

（3）公共施設の管理

　保有するすべての資産と金額情報を併せて一括管理する固定資産台帳と統一基準の情報とをリンクさせることにより，「公共施設等総合管理計画」をはじめとした管理計画の見直しや充実化が期待されている。

　わが国は，今後，少子高齢化と人口減少，税収減少が到来するといわれるなか，資産の老朽化と更新問題は，すべての自治体にとって重要な問題で，公共施設の運営を固定資産台帳と統一基準の情報とをリンクさせて管理していくことは大変重要である。

平成26年4月総務大臣通知「公共施設等の総合的かつ計画的な管理の推進について」において、「早急に公共施設等の全体の状況を把握し、長期的な視点をもって、更新・統廃合・長寿命化などを計画的に行うことにより、財政負担を軽減・平準化するとともに、公共施設等の最適な配置を実現することが必要」であるため、「速やかに公共施設等の総合的かつ計画的な管理を推進するための計画（公共施設等総合管理計画）の策定に取り組む」ことが求められた。また、同総務大臣通知と同日づけで、総務省が策定した「公共施設等総合管理計画の策定にあたっての指針」が公表されており、公共施設等総合管理計画と統一基準および固定資産台帳との関係の記述がある。このように、固定資産台帳は、公共施設やインフラ資産の老朽化と使用の検討に資するものとしての認識が一貫して示されている。

（4）固定資産台帳の記載項目

固定資産台帳のフォーマットやひな形といった様式は、特に決まったものはないので、記載項目の例を参考にしながら必要な情報を記載していくことになる。固定資産台帳の記載項目の例に従って記載された情報によって、各固定資産の財務書類の計上額、たとえば減価償却費をはじめとした算定根拠額が正しいかを確認できるようになる。また、各資産の情報を把握・管理するとともに、資産が実在するかといった確認も可能になる。なお、固定資産台帳に不備があると、期末の決算作業を滞らせる結果となるおそれがあるので、記載項目の例に従った整備および管理は大変重要になる。

固定資産台帳の記載項目は、様式やフォーマットは定められていないものの、固定資産台帳の整備目的を達成するために、「基本項目」は記載する必要があり、「追加項目」は各自治体の判断による任意の記載となる。地方公共団体が実際に資産を管理・活用する観点で、記載項目を追加することとなる。また、「②追加項目」で明示されている「長寿命化履歴」には、長寿命化工事の有無、実施時期、関連する台帳番号等を記載することが考えられる（総務省（2016）「Q&A集」3.（2）4（「統一的な基準による地方公会計マニュアル

（平成28年5月改訂）」）。固定資産を保有・使用している間は，定期点検を行い，異常があれば補修・修繕や更新を行う必要がある。

(5) 固定資産台帳の記載対象範囲

　固定資産台帳は，すべての固定資産を1単位ごとに記載する台帳であって，原則としてすべての保有固定資産について評価・整備するとともに，以後継続的に，購入，無償取得，除売却，科目の振替，減価償却費等を含む増減につき記録する。

　固定資産台帳の整備目的，公有財産台帳との違いなどを，改めて再度確認することが必要になる。固定資産台帳を整備した後は，継続的に，購入，無償取得，除売却，科目の振替，減価償却等を含む増減を記録していくことが必要である。そのように，各地方公共団体の有する，すべての固定資産1つ1つが網羅的に把握かつ継続的に固定資産台帳により管理されることによって，有形固定資産の取得はもちろん取得後の長期間維持するための高額となるランニングコストも含めた，公共施設管理や計画的な財政運営（資金計画も含む）に生かされることにつながる。固定資産台帳の作成と統一基準によって，インフラ資産も含めたすべての固定資産が把握できることで，税収（現役世代の負担）や公債（将来世代の負担）といった財源の状況と，インフラ資産の使用価値の低下や機能・役割を果たさなくなった場合に「いつ，いくら」必要になるのか，資産の老朽化の事前把握が可能になる。

(6) 固定資産台帳の記載単位

❶ 固定資産台帳の記載単位

　固定資産台帳は，単に財務書類の補助簿としてのみならず，資産管理に役立つものでなければならない。そのためにも，記載単位としては，
　①現物との照合が可能な単位であること
　②取替や更新を行う単位であること

第1章
新地方公会計統一基準の概要とポイントおよび監査の留意点

という2つの原則に照らして判断し，記載することが適当である。資産として記載する「1単位」の区分については，①により，固定資産について，その現物が確認でき，対応する価額を特定できることが必要になり，かつ，②により，たとえば耐用年数が異なるなど償却資産の単位に区分することが必要となる。このように資産の「1単位」を区分したうえで，統一基準では，具体的に固定資産台帳に記載すべき資産単位は，棟，個，台，筆，㎡，m等を基本とする。

しかし，一方で，固定資産の記載単位を必要以上に精緻な水準とすることは，固定資産台帳の整備や更新に膨大な経費・人員・期間等を必要とする。このため，例外的に，地方公共団体の実施可能性を配慮し，ある程度，一体とみなしても，基礎情報となりうる程度の単位を合理的な水準で設定することが可能となるようにし，今後一定のタイミングで精緻化することとなる。

❷ 土地と建物等を一括で購入した場合

土地と建物を一括で購入し，契約でそれぞれの代金が分けられている場合には問題ないが，それぞれの金額が区分されていない場合は，契約書に支払合計額しか記載されていなくても，購入代価を土地と建物に分ける，つまり土地の金額と建物の金額を按分しなければならない。土地は消費税がかからず，その後の減価償却の手続きも必要なく，一方の建物は消費税がかかり，取得年度以降，減価償却費を計上していく必要がある。建物の維持更新，建替え，売却等の場合の計算をするうえでも重要である。

契約書に消費税の額が記載されていれば，逆算が可能である。土地には消費税はかからないため，当該消費税額はすべて建物に課されるものである。したがって，当該消費税額を消費税率「0.08」（また「0.05」）で割り戻せば，消費税抜きの建物価格が算定できる。購入総額から，ここで求めた建物の消費税抜き価格および消費税額の合算額を控除すれば，土地の価格となる。

さらに，土地・建物の内訳が判明しない場合には，固定資産税評価額をもとにした按分をするなどの方法により，全体額から建物の額を算定する。

39

（7）減価償却の方法（「手引き」42 〜 43）

　減価償却は，長年にわたって使用するものであり，使う年数に応じて少しずつ費用とする。その分割された費用を減価償却費という。年度末にその有形固定資産を金額的に評価し貸借対照表の資産に計上する際に，たとえば新規購入から１年経っていれば，その１年間の使用した価値を減価償却費の分だけ減るとして仮定して見積もる。この減価償却費は初年度の購入代金の後に仮定計算しているだけであり，実際に現金が出ていくわけではない（資金は購入時のみ支出される）。実際の資産の価値や使用の状況を表したものではなく，あくまでも仮定に基づいた計算方法が決まっているに過ぎない。

　減価償却を行う固定資産を償却資産という。たとえば，建物などが該当する。また，減価償却を行わない資産を非償却資産という。たとえば土地や書画骨董などは価値が減るものではないと考え非償却資産に該当する。

　ここで，減価償却を行う期間，つまり何年に分割するか，という年数を耐用年数という。ただし，物理的寿命とは関係なく，経済的価値といわれる分割年数であり，税法で一律に決められた耐用年数を実務的に用いることが多い。法定耐用年数は種類，構造・用途別に決められる。

　また，耐用年数を過ぎた場合でも，資産そのものは存在し残り，使用可能な場合が多々ある。残存価額とよび，取得原価の10％なども税法で一律に決めていたが，減価償却の制度が大きく改定され，残存価額を廃止するように税法を改定した。これにより全額を費用化できるようになったが，償却期間が終わった場合でも，資産として残り，０円とせずに備忘価額１円として形式的に計上することとなった。なお，無形固定資産は，もともと残存価額はなく，０円までの全額償却が可能である。

❶ 原則的取扱い

　種類の区分ごとに定額法によって減価償却を行うものとする。定額法とは，毎年均等になるように費用配分する方法である。価値が均等に目減りす

るという考え方に基づき計算する。

　資産の取得価額は，購入代金に加え，付随費用を含めた総額になる。減価償却の計算では，当該取得価額に「÷耐用年数」とはしない（たとえば，5年の耐用年数だから÷5としない）。税法で決めた定額法の償却率を使うことになる。具体的な計算方法は，取得価額×償却率＝減価償却費となる。なお，正確には，残存価額が廃止された後の資産であれば，1円を控除した額を償却費にする。以前の取得価額の10％を残存価額とした方法を旧定額法といい，計算は，取得価額×0.9×償却率＝減価償却費となる。

　なお，償却方法としては定額法のほかに定率法がある。定率法は減価償却費が毎年一定の割合で減る，技術革新が早く陳腐化しやすいものに適している仮定計算である。定率法は当初の償却額が大きく，後に小さくなる構造であり（ただし，定額法でも定率法のどちらの計算でも償却費の最終的な累計額は同額），財務の健全性，投資額の早期資金回収，さらに早くに費用化することで利益を抑えて節税になるなどの理由から，一般の企業では定率法が採用されることが多い。ただし，統一基準では定額法のみが認められている。

❷ 簡便的な減価償却の方法

　当該資産の構成部分ごとの把握が実務的に困難な場合などを勘案して，当該資産（たとえば道路等）の類似した一群の資産を一体として総合償却するような償却方法も許容することとされている。

　総合償却とは，減価償却の適用方法の1つで，複数の固定資産をグループ単位でまとめ，一括して減価償却計算を行うことである。

　減価償却は本来，個別の資産ごとに法定耐用年数に応じて処理されるが，規模の大きな設備などで，個別の耐用年数を適用して減価償却費を計算する個別償却を実施していると減価償却費の計算が煩雑となってしまうことから，資産の種類によって一括での償却を認めるものである。総合償却が適用される資産グループにおいては，グループ内の全資産の平均耐用年数をもとにして減価償却計算が行われることになる。なお，総合償却では，減価償却費の

計算が簡易になる反面，グループを構成する個別の資産の事情を考慮できないという問題点がある。

（8）耐用年数

償却資産にかかる耐用年数については，原則として「減価償却資産の耐用年数等に関する省令」（昭和40年大蔵省令第15号）に従う。

「減価償却資産の耐用年数等に関する省令」に基づいて，地方公共団体は，保有する資産の耐用年数を決める（図表1-3）。いわゆる法定耐用年数は，個々の償却資産の耐用年数を正確に見積もることが困難であることなどから，税法では各種の減価償却資産を分類して耐用年数を定めている。

ただし，法定耐用年数は新品の資産を対象にしているので，中古資産に関しては取得後の使用可能期間を見積もって，その見積り耐用年数により償却限度額を計算する。見積りが困難なときは簡便法で見積耐用年数を算出することができる。簡便法は，法定耐用年数の全部を経過した資産の場合，法定耐用年数の20％，法定耐用年数の一部を経過した資産の場合，法定耐用年数から経過年数を引いた数字に経過年数の20％を足した数字となる。

■ 図表1-3　耐用年数表（一部抜粋）

耐用年数		耐用年数省令における耐用年数	
主な分類	耐用年数	主な資産	耐用年数
道路（林道・農道を含む）	50	道路改良 舗装道路（アスファルト敷） 舗装道路（コンクリート敷）	60 10 15
治水	48	河川 ダム 砂防 流路工	40 80 50 40
都市公園	—	園路広場（アスファルト敷） 植栽（緑化施設） 管理施設	10 20 50

出所：総務省（2016）「耐用年数表：別紙3-1」（「統一的な基準による地方公会計マニュアル（平成28年5月改訂）」）。

第1章
新地方公会計統一基準の概要とポイントおよび監査の留意点

　なお，法定耐用年数が実際の資産の利用可能な期間よりも短い場合があることから，法定耐用年数に基づく減価償却が終了後も資産が使用される続けることは多々ある。

（9）減価償却費の表示

　減価償却費は行政コスト計算書の費用に計上するとともに，貸借対照表の固定資産から減価償却費相当額を減額する。固定資産から減価償却費相当額を減額する方法には，「直接法（該当する固定資産から直接控除する方法）」と「間接法（該当する固定資産から間接的に控除する方法）」の2つの方法がある。

　原則的な取扱いである間接法では，償却資産の表示金額は取得価額のままで，今まで計上してきた減価償却費の累計額を，「減価償却累計額」として取得価額から間接的に控除する方法である。減価償却累計額は資産（借方項目）のマイナスとしての性質を有するので，試算表や精算表では資産の反対の貸方に記載するが，貸借対照表に表示する場合は貸方に表示せずに，対応する資産から控除する形で借方に表示する。取得原価から減価償却累計額を控除した後の金額を帳簿価額という。

　例外的な取扱いである直接法の場合は，取得原価から減価償却累計額を控除した残額のみを貸借対照表に表示する。ただし，間接法と直接法のどちらの方法でも帳簿価額（取得原価－減価償却累計額）は同じになる。

（10）有形固定資産等の評価原則

　原則として，取得原価が判明しているものは取得原価，取得原価が不明なものは再調達原価（道路等の敷地は備忘価額1円）としている。取得原価が不明であるとして当初再調達原価で認識した後の事後的な再測定は認められておらず，取得原価を基礎としていることには変わりはない（当初年度以後は償却資産について取得原価から減価償却累計額を控除して帳簿価額を測定する）。

43

■ 図表1-4　有形固定資産等の評価

		開始時		開始後	再評価
		昭和59年度以前取得分	昭和60年度以後取得分		
非償却資産 ※棚卸資産を除く		再調達原価	取得原価 [再調達原価]	取得原価	立木竹のみ6年に1回程度
	道路，河川及び水路の敷地	備忘価額1円	取得原価 [備忘価額1円]	取得原価	―
償却資産 ※棚卸資産を除く		再調達原価	取得原価 [再調達原価]	取得原価	―
棚卸資産		低価法	低価法	低価法	原則として毎年度

注：[　]内は取得原価が不明な場合。

出所：総務省（2016）「有形固定資産等の評価基準：別紙5」（「統一的な基準による地方公会計マニュアル（平成28年5月改訂）」）。

　有形固定資産等の評価は図表1-4のようにまとめられる。

　地方公共団体の保有する固定資産について活発な市場が存在することは通常考えにくいことや，売買取引が相対的に少ないことから，実施可能性や比較可能性を確保することが困難であるとはいえ，特定の時期（昭和59年度以前）に取得した事業用資産とインフラ資産は，取得原価不明なものとして開始時に再調達原価で測定・計上し，その後は適切に帳簿価額を計算していく取り扱いとしている。

　なお，すでに固定資産台帳を整備済みまたは整備中の地方公共団体においては，既存の評価額を許容している（総務省（2016）「Q&A集」3（1）1（「統一的な基準による地方公会計マニュアル（平成28年5月改訂）」）。

（11）有形固定資産の取得原価の把握のための決算統計の数値の活用

　有形固定資産の取得原価の把握のために決算統計の数値を用いることができる場合として，地方債発行に関連する資料など残存する証拠書類の確認を行っても，なお取得原価が不明な有形固定資産等については，比較可能性の

確保の観点から，取得原価の把握のために，決算統計の数値を用いることも考えられる旨が統一基準に示されている。

しかし，決算統計の数値については，①用地費は，主に土地購入費と補償費であるが，取得原価に含まれるべき造成費等が加味されていない，②除売却分を控除する必要がある，③同種資産をまとめた1つの項目に計上している，④「道路・橋梁」など一定のまとまった区分となっているところもあり，台帳上で区分するためには一定の按分が必要となる等の点に留意する必要がある。

このため，決算統計の数値を用いることができる場合として，①特定の時期の対象とならない昭和60年度以降であること，②特定の固定資産が決算統計にかかる該当項目に計上されていることが把握できること，といった条件を満たす必要がある。

なお，基本的には，各地方公共団体の実情に応じて判断することとなるが，たとえば売却可能資産について，不動産鑑定評価により評価している場合で，公示地価といった他の評価方法の変動率が小さい場合は，現行の価額を変更しないといったことが考えられる。

（12）土地の評価

土地については，「固定資産評価基準」（昭和38年自治省告示第158号）に基づく固定資産税評価額を基礎とした評価を行う。

土地の値段は，一物四価ともいわれ，売買取引時価（実勢価格）や公示価格，路線価，固定資産税評価額など，いくつもの価格がある。固定資産税評価額は，総務大臣が定めた固定資産評価基準に基づいて行われ，市町村長（東京都23区内の場合は都知事）がその価格を決定し，固定資産税，不動産取得税，登録免許税など土地と家屋にかかる税金の基準となる。固定資産税評価額は，3年ごとに評価額を見直す。

固定資産税評価額を基礎とした評価方法は，①個別評価と②平均単価による評価がある（図表1-5）。個別評価は，固定資産評価基準および各市町村に

■ 図表 1-5　固定資産税評価額を基礎とした評価方法の精度等（「手引き」75）

評価方法			評価の精度	必要となる土地情報
個別評価	課税地と同様の評価		高い	多い
平均（評価額）単価による評価	宅地等	路線単位		
		状況類似地域（地区）単位		
		用途地区単位		
	町丁目単位			
	概要調書（地目毎の市町村内平均（評価額）単位）			少ない

出所：総務省（2016）「資産評価及び固定資産台帳整備の手引き」Ⅶ 4.75（「統一的な基準による地方公会計マニュアル（平成 28 年 5 月改訂）」）。

おいて定められた固定資産評価要領（総務省（2016）「統一的な基準による地方公会計マニュアル」等）に基づき課税地と同様に各土地について地目別に個別評価を行う方法である。精度の高い評価方法を採用されることが望まれるが，時間的制約等があることから，評価精度を維持しつつ，簡便な評価方法を採用することも現実的な対応と考えられる。

4. 財務書類の見方・読み方

　財務書類の見方・読み方ではまず財務書類の体系を理解する必要がある。各財務書類それぞれの相互関係，連繋，連結環，型を踏まえて，どの財務諸表，どの勘定科目が，どのようにつながっているのか，全体的な視点で俯瞰することが重要である（図表 1-6）。

第1章 新地方公会計統一基準の概要とポイントおよび監査の留意点

■ 図表1-6 財務書類の相互関係

【財務書類4表構成の相互関係】

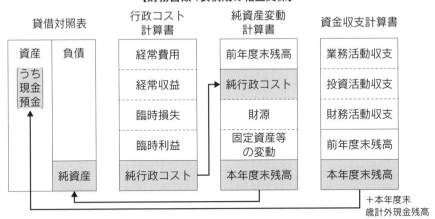

※1 貸借対照表の資産のうち「現金預金」の金額は，資金収支計算書の本年度末残高に本年度末歳計外現金残高を足したものと対応します。
※2 貸借対照表の「純資産」の金額は，純資産変動計算書の本年度末残高と対応します。
※3 行政コスト計算書の「純行政コスト」の金額は，純資産変動計算書に記載されます。

【財務書類3表構成の相互関係】

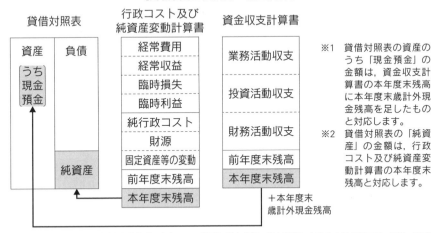

※1 貸借対照表の資産のうち「現金預金」の金額は，資金収支計算書の本年度末残高に本年度末歳計外現金残高を足したものと対応します。
※2 貸借対照表の「純資産」の金額は，行政コスト及び純資産変動計算書の本年度末残高と対応します。

出所：総務省（2016）「財務書類作成にあたっての基礎知識」（「統一的な基準による地方公会計マニュアル（平成28年5月改訂）」）。

（1）貸借対照表の見方

■ 図表 1-7　貸借対照表

貸借対照表

（平成×年○月△日現在）

（単位：百万円）

科目	金額	科目	金額
【資産の部】		【負債の部】	
固定資産	550	固定負債	550
有形固定資産	500	地方債	300
事業用資産	－	長期未払金	－
土地	－	退職手当引当金	250
立木竹	－	損失補償等引当金	－
建物	－	その他	－
建物減価償却累計額	－	流動負債	200
工作物	－	1年内償還予定地方債	－
工作物減価償却累計額	－	未払金	－
船舶	－	未払費用	－
船舶減価償却累計額	－	前受金	－
浮標等	－	前受収益	－
浮標等減価償却累計額	－	賞与等引当金	200
航空機	－	預り金	－
航空機減価償却累計額	－	その他	－
その他	－		
その他減価償却累計額	－	負債合計	750
建設仮勘定	－		
インフラ資産	500	【純資産の部】	
土地	－	固定資産等形成分	600
建物	－	余剰分（不足分）	△570
建物減価償却累計額	－		
工作物	500	純資産合計	30
工作物減価償却累計額	－		
その他	－		
その他減価償却累計額	－		
建設仮勘定	－		
物品	－		
物品減価償却累計額	－		
有形固定資産	－		
ソフトウェア	－		
その他	－		
投資その他の資産	50		
投資及び出資金	－		
有価証券	－		
出資金	－		
その他	－		
投資損失引当金	－		
長期延滞債権	－		
長期貸付金	50		
基金	－		
減債基金	－		
その他	－		
その他	－		
徴収不能引当金	－		
流動資産	230		
現金預金	130		
未収金	50		
短期貸付金	－		
基金	－		
財政調整基金	50		
減債基金	－		
棚卸資産	－		
その他	－		
徴収不能引当金	－		
資産合計	780	負債及び純資産合計	780

出所：総務省（2016）「財務書類作成にあたっての基礎知識」（「統一的な基準による地方公会計マニュアル（平成28年5月改訂）」）。

第1章
新地方公会計統一基準の概要とポイントおよび監査の留意点

❶ 貸借対照表の見方

貸借対照表は，基準日時点における地方公共団体の財政状態（資産・負債・純資産の残高および内訳）を明らかにすることを目的として作成するものである（図表 1-7）。国の財務書類においても，会社法においても，貸借対照表は左右対称の勘定式が採用されているだけではなく，会計年度末における資産と負債のバランスを把握することが容易であるため，貸借対照表は勘定式の様式となっている。

貸借対照表は，継続して活動していくなかで，毎年度の収支をつなぐ役割を担うために，一定時点の資産・負債・純資産といった財政状態を一覧で表示する。資産は将来世代が享受するであろう便益，負債は将来世代が負うであろう負担，純資産は世代間負担の衡平性の指標となりうる。

多くの地方公共団体は財政難といわれ，そのためおのおの行政改革や資産負債改革による財政の健全化に取り組んでいる。図表 1-7 では，流動資産が230百万円で，流動負債が 200百万円であるため，安定性があるといえる（企業では，流動資産が流動負債と比し同額か 8 割ほどあれば，一応の支払い能力があるといわれる）。とはいえ，固定資産に計上されている金額と資産価値，つまり不良資産や含み損など価値が下がった場合の適切な資産評価が行われているかどうかなどが正しい視点・判断のうえで重要となる。長期貸付金，未収金，退職手当引当金などの各勘定科目について，経年比較による増減をもとに，財政状態，安定性などを把握することが必要となる。

❷ 健全性（現金が少ない場合）

少子高齢化，労働人口の減少と社会保障費の増大，さらに日本人全体の人口減少，地方公共団体の消滅とショッキングに伝えられている。財務面でいえばそれは明らかに税収の減少が現実問題化しているということである。地方公共団体で何より重要なのはキャッシュである。税収によるお金と地方債発行など借金によるお金は峻別する必要がある。いずれにせよ現金が少なけ

49

れば資金繰りが苦しいということとなり，地方公共団体の施策はできなくなってしまう。借金の返済が迫っているのであればなおさらである。現金の有無・多寡を表すのは貸借対照表の「現金預金」であり，資金収支計算書の「期末残高」である。前年度などの過去からの推移と比較し減少している場合には要注意である。金融機関がお金を貸出，地方公共団体も固定資産に投資をする時代もあった。今では，現金を重視したキャッシュ・フローに基づく運営は地方公共団体の健全性を担保するうえで大変重要なものである。資金収支計算書の「業務活動収支」「投資活動収支」「財務活動収支」の各項目を1つの指標と捉え，運営を改善し，最終的に，多くの貸借対照表の現金預金が手元に残るようにすべきである。

❸ 投資活動（固定資産が増えている場合）

財務書類を前年度と比較し，固定資産が増えていた場合，減価償却費が大きく増え財政状態が良くなくなることがある。企業では設備投資で機械等を購入した場合，新製品発売や増産による売上や利益の増額を期待できる。しかし，地方公共団体の場合，多くは土地や建物の増加であって税収増は基本的にないので注意が必要である。老朽化や長期耐震補強が中心だが，庁舎の建て替えなどで資金繰りが苦しくなってしまえば元も子もない。自動化，省力化，設備の集約化，機能強化，環境問題や福祉施設設備の対応などへ投資を行いたいところであるが，損失を抱えてしまわないように固定資産を管理運営しないといけない。固定資産の増減は，貸借対照表に加え，資金収支計算書の「投資活動収支」でも固定資産の増加を確認できる。

❹ 借金体質（借金の多さ）

身の丈以上の借金は身を亡ぼすことにつながるため借金は基本的にしない方がよいが，地方公共団体の経営で借金をしないわけにはいかない。では地方公共団体にとって借金の過多になっているか否かの判断をするにはどのように考えればよいのか。財務書類上で読み取るうえでは，支払利息と経常収

第1章

新地方公会計統一基準の概要とポイントおよび監査の留意点

益，業務活動収支と財務活動収支をみる。借金の利息の支払いが多額だとこれらの科目にゆがみが生じる。

（2）行政コスト計算書および純資産変動計算書の見方

■ **図表1-8　行政コスト計算書**

行政コスト計算書
自　平成○年□月◇日
至　平成×年○月△日

（単位：百万円）

科目	金額
経常費用	620
業務費用	620
人件費	600
職員給与費	150
賞与等引当金繰入額	200
退職手当引当金繰入額	250
その他	－
物件費等	20
物件費	20
維持補修費	－
減価償却費	－
その他	－
その他の業務費用	－
支払利息	－
徴収不能引当金繰入額	－
その他	－
移転費用	－
補助金等	－
社会保障給付	－
他会計への繰出金	－
その他	－
経常収益	50
使用料及び手数料	50
その他	－
純経常行政コスト	△570
臨時損失	－
災害復旧事業費	－
資産除売却損	－
投資損失引当金繰入額	－
損失補償等引当金繰入額	－
その他	－
臨時利益	－
資産売却益	－
その他	－
純行政コスト	△570

出所：総務省（2016）「財務書類作成にあたっての基礎知識」（「統一的な基準による地方公会計マニュアル（平成28年5月改訂）」）。

51

■ 図表 1-9　純資産変動計算書

純資産変動計算書

自　　平成○年□月◇日
至　　平成×年○月△日

(単位：百万円)

科目	合計	固定資産 等形成分	余剰分 (不足分)
前年度末純資産残高	—	—	—
純行政コスト（△）	△570		△570
財源	600		600
税収等	500		500
国県等補助金	100		100
本年度差額	30		30
固定資産等の変動（内部変動）		600	△600
有形固定資産等の増加		500	△500
有形固定資産等の減少		—	—
貸付金・基金等の増加		100	△100
貸付金・基金等の減少		—	—
資産評価差額		—	
無償所管換等		—	
その他	—	—	—
本年度純資産変動額	30	600	△570
本年度末純資産残高	30	600	△570

出所：総務省（2016）「財務書類作成にあたっての基礎知識」（「統一的な基準による地方公会計マニュアル（平成28年5月改訂）」）。

❶ 行政コスト計算書および純資産変動計算書の見方

　行政コスト計算書および純資産変動計算書は，一会計期間の経常費用とそれが税収等の財源によってどのように賄われ，固定資産の増減を含めた将来に引き継ぐ純資産がどのように変動したかを表す（図表 1-8，1-9）。

　地方公共団体の行政コスト計算書では，人件費，物件費などコストの投入状況が確認できる。経常費用から経常収益を引いた純経常行政コストが，地

方公共団体の提供したサービスに対する直接的に収入では賄いきれなかったコストであり，税・国県などにより賄われることになる。純資産変動計算書では，純経常行政コストを補う収入が示される。最終的に，期末の純資産残高がプラスであれば，純経常行政コストを上回っているためよく，財政が健全的に活動されたといえる。

図表1-8，1-9では，純経常行政コストは，経常費用620百万円から，経常収益50百万円を控除した，△570百万円かかっているのに対して，財源は600百万円（税収等が500百万円，補助金が100百万円）となっている。この事例では，コストに見合った税収を確保し，コストを補っていることがわかる。経常費用の内訳である，人件費600百万円，物件費20百万円のコスト削減行われる必要があるが，50百万円の使用料及び手数料等の受益者負担の変更も視野に入れる可能性もある。

行政コスト計算書で示された財務数値をもとに，他市との比較，時系列比較，さまざまな指標を用いた財務分析によりそのコストの発生状況を把握することが重要である。

❷ 規模測定

地方公共団体の規模をどこで測るかについては，その目的に応じて指標を設定することになる。財源の部の「税収等」で規模を測ることも可能であり，「総資産」でも規模を測ることは可能である。また，効率的運営を測るのであれば「純行政コスト」の金額を他団体と比較することでもよい。

❸ 支払利息

企業会計では借金の多さを測るときには，借入金額だけではなく，営業外費用に計上される支払利息をみる。統一基準では，経常費用のその他の業務費用の1項目に支払利息が入っていることから「純経常行政コスト」に含まれてしまうため，他団体との比較もやや難しくなるが，支払利息そのものの金額は比較可能である（企業会計では，支払利息は営業外費用であり，通常，

営業利益と経常利益とを比較する）。

❹ 資産除売却損や資産売却益

臨時損失・臨時利益では，資産除売却損や資産売却益がわかる。地方公共団体がせっかくの資産を適切に運用してきたのか，売り急いでいないか，少なくともなぜ多額の損失額を出すような運営をしてきたかは確認しなければならない。

❺ 人件費

職員の人件費については人事院勧告や人事委員会等もあり一概には論じることはできないが，人件費が，税収等，国県等補助金に比して，多額であるとすると，それは職員が一生懸命業務を遂行していたとしても，一度立ち止まって検討すべきこととなる。通常，経常費用に占める人件費の割合が大きな比重を占めるのは県民・市民は承知していたとしてもバランスが問題になろう。地方公務員であっても給与の水準，職員の人数はその検討対象とならざるを得ない。地方公共団体にとっては実施しなければならない業務が増える一方で，人員を減らすと1人あたりの業務が増え，働き方改革と逆行する動きとなってしまう。職員のモチベーションアップのために給与のアップで生産性を向上させるのが企業である。地方公共団体では給与アップの施策をとりにくいであろう。残業時間の削減で人件費を減少させても効果は少ないであろう。もちろん議員も人件費の対象であることはいうまでもない。

第1章
新地方公会計統一基準の概要とポイントおよび監査の留意点

（3）資金収支計算書の見方

■ 図表1-10　資金収支計算書

資金収支計算書
自　　平成○年□月◇日
至　　平成×年○月△日

(単位：百万円)

科目	金額
【業務活動収支】	
業務支出	170
業務費用支出	170
人件費支出	150
物件費等支出	20
支払利息支出	－
その他の支出	－
移転費用支出	－
補助金等支出	－
社会保障給付支出	－
他会計への繰出支出	－
その他の支出	－
業務収入	500
税収等収入	450
国県等補助金収入	－
使用料及び手数料収入	50
その他の収入	－
臨時支出	－
災害復旧事業費支出	－
その他の支出	－
臨時収入	－
業務活動収支	330
【投資活動収支】	
投資活動支出	600
公共施設等整備費支出	500
基金積立金支出	50
投資及び出資金支出	－
貸付金支出	50
その他の支出	－
投資活動収入	100
国県等補助金収入	100
基金取崩収入	－
貸付金元金回収収入	－
資産売却収入	－
その他の収入	－
投資活動収支	△500
【財務活動収支】	
財務活動支出	－
地方債償還支出	－
その他の支出	－
財務活動収入	300
地方債発行収入	300
その他の収入	－
財務活動収支	300
本年度資金収支額	130
前年度末資金残高	－
本年度末資金残高	130

前年度末歳計外現金残高	－
本年度歳計外現金増減額	－
本年度末歳計外現金残高	－
本年度末現金預金残高	130

出所：総務省（2016）「財務書類作成にあたっての基礎知識」（「統一的な基準による地方公会計マニュアル（平成28年5月改訂）」）。

❶ 資金収支計算書の見方

資金収支計算書を読むうえでは，各区分のキャッシュ・フローの流れを理解する必要がある（図表1-10）。業務活動収支の部は通常の行政活動のよる資金収支の状況が示される。また，投資活動収支の部に投じた額で積極的投資を行っているのか事業の縮小を行っているのか，資産を多く売却しているのかがわかり，財務活動収支の部で借入返済を行っているのかなどがわかる。

本事例では，業務活動収支の部は，業務支出170百万円，業務収入500百万円で，330百万円の収支余剰がある。もし業務活動収支の部そのものがマイナスの場合は通常の収入に比してあまりにコストをかけすぎているという問題があるということとなる。

投資活動収支の部は，投資活動支出600百万円，投資活動収入100百万円であり，収支額は△500百万円とマイナスであり，新規建設が行われていることがわかる。投資活動支出がプラスの場合は，資産売却を進め財務体質の改善に取り組んでいるのではないかと推察できる。

財務活動収支の部は，財務活動収入300百万円，本年度資金収支額は130百万円となる。公共施設等整備費支出が500百万円あるところ，財務活動収入の地方債発行収入300百万円で不足分を補っていることがわかる。つまり地方債による調達で新規の投資を行っていることがわかる。財務活動収支の部がマイナスであれば，借入金返済を行っている場合や資金が潤沢で借入れの必要がない場合などであるということがわかる。

❷ 業務活動収支

資金収支計算書のなかで「業務活動収支」が最も重要である。「業務収入」として算入される「税収等収入」，「国県等補助金収入」，「使用料及び手数料収入」によって，「業務支出」として算入される「人件費」，「物件費」，「支払利息」，さらには「移転費用支出」に算入される「補助金等支出」，「社会保障給付支出」といった地方公共団体の事務事業を賄うことができるかが一目瞭

第1章
新地方公会計統一基準の概要とポイントおよび監査の留意点

然となる。財政構造的にはプラスになることが想定されている。このプラスの金額をもって，投資や財務活動にお金が回せるということになる。

❸ 投資活動収支

投資活動収支は必ずマイナスになると理解してもらってよい。これらは固定資産等の投資を意味しており，固定資産の老朽化対策，耐震対策の支出もここに算入される。仮に，プラスであった場合は資産を売却して資金を確保していることなどが考えられるため，分析が必要になる。

❹ 財務活動収支

財務活動収支は，主に借金の返済に充てられたかどうかがわかる。プラスでもマイナスでも一概に良し悪しはいえない。プラスでは借金が増えている状況であり，通常はよいとはいえず，マイナスであれば借金返済が進んでいる状況であり，通常はよいといえる。しかし，いずれにせよ用途や資金の流れをもって判断しないといけない。

57

5. 事例（指標による分析－京都市の平成27年度財務書類－）

■ 図表 1-11　連結貸借対照表

連結貸借対照表
（平成28年3月31日現在）

（単位：百万円）

科目	金額	科目	金額
【資産の部】		【負債の部】	
固定資産	4,698,764	固定負債	2,592,995
有形固定資産	4,552,071	地方債等	2,180,263
事業用資産	2,203,466	長期未払金	79
土地	1,201,957	退職手当引当金	100,139
立木竹	637	損失補償等引当金	－
建物	1,308,267	その他	312,513
建物減価償却累計額	△786,172	流動負債	215,409
工作物	759,879	1年内償還予定地方債等	151,602
工作物減価償却累計額	△287,962	未払金	32,241
船舶	－	未払費用	641
船舶減価償却累計額	－	前受金	3,907
浮標等	－	前受収益	33
浮標等減価償却累計額	－	賞与等引当金	9,284
航空機	785	預り金	12,307
航空機減価償却累計額	△785	その他	5,395
その他	18		
その他減価償却累計額	△8	負債合計	2,808,404
建設仮勘定	6,851	【純資産の部】	
インフラ資産	2,204,360	固定資産等形成分	4,828,856
土地	694,208	余剰分（不足分）	△2,788,589
建物	101,498	他団体出資等分	2,737
建物減価償却累計額	△59,008		
工作物	2,981,975		
工作物減価償却累計額	△1,551,721		
その他	11		
その他減価償却累計額	△5		
建設仮勘定	37,402		
物品	433,810		
物品減価償却累計額	△289,566		
無形固定資産	19,619		
ソフトウェア	8,914		
その他	10,705		
投資その他の資産	127,073		
投資及び出資金	16,622		
有価証券	5,525		
出資金	11,095		
その他	2		
長期延滞債権	12,433		
長期貸付金	3,865		
基金	94,237		
減債基金	59,019		
その他	35,218		
その他	1,710		
徴収不能引当金	△1,794		
流動資産	152,464		
現金預金	71,031		
未収金	22,598		
短期貸付金	605		
基金	40,843		
財政調整基金	1,390		
減債基金	39,453		
棚卸資産	13,629		
その他	4,151		
徴収不能引当金	△392		
繰延資産	180	純資産合計	2,043,003
資産合計	4,851,408	負債及び純資産合計	4,851,408

出所：京都市行財政局（2017）「京都市の財務書類（平成27年度版）」（7月）。

第1章
新地方公会計統一基準の概要とポイントおよび監査の留意点

■ 図表 1-12　連結行政コスト計算書及び純資産変動計算書

連結行政コスト及び純資産変動計算書

自　平成27年4月 1日
至　平成28年3月31日

（単位：百万円）

科目	金額		
経常費用	1,124,369		
業務費用	451,023		
人件費	160,536		
職員給与費	132,307		
賞与等引当金繰入額	9,284		
退職手当引当金繰入額	5,621		
その他	13,324		
物件費等	245,216		
物件費	95,457		
維持補修費	29,204		
減価償却費	112,439		
その他	8,116		
その他の業務費用	45,271		
支払利息	33,349		
徴収不能引当金繰入額	1,809		
その他	10,113		
移転費用	673,346		
補助金等	27,539		
社会保障給付	641,455		
その他	4,352		
経常収益	180,797		
使用料及び手数料	131,745		
その他	49,052		
純経常行政コスト	943,572		
臨時損失	8,768		
災害復旧事業費	1,869		
資産除売却損	6,174		
損失補償等引当金繰入額	―		
その他	725		
臨時利益	264		
資産売却益	71	**金額**	
その他	193	固定資産等形成分	余剰分（不足分）	他団体出資等分

科目	固定資産等形成分	余剰分（不足分）	他団体出資等分
純行政コスト	952,076	952,076	
財源	941,492	941,492	
税収等	604,905	604,905	
国県等補助金	336,587	336,587	
本年度差額	△10,584	△10,910	326
固定資産等の変動（内部変動）		△13,732	13,732
有形固定資産等の増加		136,210	△136,210
有形固定資産等の減少		△166,133	166,133
貸付金・基金等の増加		66,441	△66,441
貸付金・基金等の減少		△50,250	50,250
資産評価差額	△599	△599	
無償所管換等	△3,056	△3,056	
他団体出資等分の増加	―		―
他団体出資等分の減少	―		―
比例連結割合変更に伴う差額	6	△1	7
その他	50,763	△2,000	52,763
本年度純資産変動額	36,530	△19,388	55,592	326
前年度末純資産残高	2,006,473	4,848,243	△2,844,181	2,410
本年度末純資産残高	2,043,003	4,828,856	△2,788,589	2,737

出所：京都市行財政局（2017）「京都市の財務書類（平成27年度版）」（7月）。

■ 図表 1-13　連結資金収支計算書

連結資金収支計算書

自　平成27年4月 1日
至　平成28年3月31日

（単位：百万円）

科目	金額
【業務活動収支】	
業務支出	1,018,443
業務費用支出	345,889
人件費支出	165,861
物件費等支出	141,957
支払利息支出	33,378
その他の支出	4,693
移転費用支出	672,554
補助金等支出	27,539
社会保障給付支出	641,455
その他の支出	3,560
業務収入	1,095,548
税収等収入	601,981
国県等補助金収入	313,214
使用料及び手数料収入	131,691
その他の収入	48,662
臨時支出	1,951
災害復旧事業費支出	1,869
その他の支出	81
臨時収入	123
業務活動収支	75,278
【投資活動収支】	
投資活動支出	213,426
公共施設等整備費支出	91,536
基金積立金支出	48,416
投資及び出資金支出	20
貸付金支出	72,457
その他の支出	996
投資活動収入	139,487
国県等補助金収入	19,152
基金取崩収入	40,096
貸付金元金回収収入	75,462
資産売却収入	3,608
その他の収入	1,170
投資活動収支	△73,939
【財務活動収支】	
財務活動支出	301,911
地方債等償還支出	300,745
その他の支出	1,166
財務活動収入	291,781
地方債等発行収入	291,781
その他の収入	—
財務活動収支	△10,131
本年度資金収支額	△8,791
前年度末資金残高	71,412
比例連結割合変更に伴う差額	9
本年度末資金残高	62,629

科目	金額
前年度末歳計外現金残高	8,508
本年度歳計外現金増減額	△107
本年度末歳計外現金残高	8,401
本年度末現金預金残高	71,031

出所：京都市行財政局（2017）「京都市の財務書類（平成 27 年度版）」（7 月）。

第1章

新地方公会計統一基準の概要とポイントおよび監査の留意点

❶ 純資産比率（過去および現世代負担比率）および将来世代負担比率

〈 指標 〉

①純資産比率（％）＝純資産÷総資産×100

　　42.11％＝2,043,003÷4,851,408×100（図表1-11）

＊過去および現世代負担比率ともいう。

＊分母をインフラ資産に限る考え方もある。

②将来世代負担比率（％）＝地方債÷有形固定資産×100

　　51.22％＝（2,180,263+151,602+79）÷4,552,071×100（図表1-11）

＊地方債は，固定負債の地方債等と流動負債の1年以内償還予定地方債等の合計としている。また，ここでは，地方債に加えて，長期未払金を算入する方法を採用している。

＊分母を総資産とする考え方もある。

〈 解説 〉

　これまでの過去および現世代による負担と将来世代の負担の割合をみることができる。たとえば，今まで比較的豊かな財源等（市税収入等）があった場合で，地方債の発行を抑制してきたのであれば，「純資産比率（過去および現世代負担比率）」が高く，「将来世代負担比率」が低くなる。また，逆に，地方債によって社会資本形成を継続的に行っていけば，「将来世代負担比率」が高く，「純資産比率（過去および現世代負担比率）」は低くなる。多くの地方公共団体では，純資産比率（過去および現世代負担比率）は50〜90％の間，将来世代負担比率は10〜40％の間になっている。

　本事例では，他市と比べて，純資産比率（過去および現世代負担比率）が低く，将来世代負担比率が高い部類に属する傾向があるといえる。過去および現世代のためのみならず，将来世代への負担が多くなるような多額の社会資本形成を行ってきていることがわかる。

61

なお，企業会計では，純資産 ÷ 総資産で求める自己資本比率が高いほど財政状況が健全であるといわれる。民間企業の純資産比率は，優良企業でも30％くらいが目安になる。ただ民間企業の純資産は解散時に負債を差し引いた残余財産を示すことから株主の重要関心事項であるのに対して，地方公共団体の純資産は，過去および現世代が負担した結果を表すとされることに留意が必要である。

世代間の負担のあり方については，将来世代も公共資産を利用することからコストを負担すべきとの考えがある一方で過去のインフラ資産等は老朽化が進み人口減と税収入の大幅な増加が見込まれないのであれば，将来世代への負担の先送りは抑えるべきとの意見もある。そのような意見も踏まえ，仮に，現状，純資産比率（過去および現世代負担比率）が高く，将来世代負担比率が低い場合でも，将来世代の負担が大きくならないように今後も世代間の負担バランスに配慮，留意しながら社会資本整備を実施していく必要があるといえる。

❷ 有形固定資産減価償却率（資産老朽化比率）

〈 指標 〉

有形固定資産減価償却率（資産老朽化比率）（％）＝減価償却累計額÷（有形固定資産－土地＋減価償却累計額）× 100

52.83％ = 2,975,227 ÷ （4,552,071 － （事業用土地 1,201,957＋ インフラ土地 694,208＋2,975,227）× 100 （図表 1-11）

＊分子の減価償却累計額は，事業用資産，インフラ資産，物品に計上されている減価償却累計額の総計になる。

＊分母は，貸借対照表上の有形固定資産に計上されている建物，工作物，船舶，その他，物品といった各勘定科目の取得価額の総計になり，「有形固定資産－土地＋減価償却累計額」で求められる。

第 1 章
新地方公会計統一基準の概要とポイントおよび監査の留意点

《 解説 》

　有形固定資産のうち，土地以外，つまり建物などの償却資産の取得価額に対する減価償却累計額の割合を計算する。耐用年数と比べ，償却資産の取得時からどの程度経過しているのか，地方公共団体の所有する資産の老朽化の進み具合を把握する。多くの地方公共団体では，35 〜 50 ％となるところ，本事例では有形固定資産減価償却率（資産老朽化比率）は 52.83 ％となり，やや高くなっている。現在保有する建物や設備の半分超が，すでに帳簿上の価値を失っており更新時期に留意する必要があるとわかる（建物や設備は，帳簿上の価値を失っても，使用できなくなるわけではない。）。

　公共施設の老朽化対策は全国的な問題となっており，1970 〜 80 年代にかけて整備された公共施設やインフラ資産の多くは，すでに 30 〜 40 年が経過しており，近い将来に大規模改修や更新する時期となり，老朽資産の更新費用が今後増加すると考えられる。本指標は，公共施設管理計画の策定や計画的な施設改修等さらには施設の統廃合，民間施設の利活用，資産を活用した歳入確保などの諸施策の検討にも生かすことが可能と考えられる。

❸ 受益者負担比率

《 指標 》

受益者負担比率（％）＝経常収益÷経常費用× 100

　16.07 ％ ＝ 180,797 ÷ 1,124,369 × 100 （図表 1-12）

《 解説 》

　行政コスト計算書における経常収益は，使用料及び手数料であり，受益者負担の金額を表す。経常収益の経常費用に対する割合を算定することで，受益者負担割合を算定する。

　多くの地方公共団体の一般会計では，3 〜 8 ％となる。病院，ガス，上下水道事業を行う地方公共団体は，通常の行政サービスとは異なり，使用料及び手数料の価格は費用を上回るように設定されるため，受益者負担の数値が高

くなることについて，連結上では留意する必要がある。

　行政サービスを提供するために発生したコストは税収で賄われることが基本だが，今後，長期的には税収の減少傾向がみられるなかで，持続的に行政サービスを提供していくには，受益者の負担を増加させる可能性を検討しなければならないかもしれない。

❹ 行政コスト対財源比率

〈 指標 〉

行政コスト対財源比率（％）＝純経常行政コスト÷財源×100

　100.22％ ＝ 943,572 ÷ 941,492 × 100（図表 1-12）

〈 解説 〉

　純経常行政コストに対する財源の比率をみることで，当年度の行政コストから受益者負担分を控除した純経常行政コストに対して，どれだけが当年度の負担で賄われたかがわかる。比率が100％を下回っている場合は，翌年度以降へ引き継ぐ資産が蓄積されたか，または翌年度以降の負担が軽減されたことを表す。逆に，比率が100％を上回っている場合は，過去から蓄積した資産が取り崩されたか，または翌年度以降の負担が増加したことを表す。つまり，経常的な行政運営にかかる状況が，行政コスト対財源比率が100パーセントを上回る状況とは，経常的な行政コストを市税収入等では賄えない状況ということになる。

　本事例では，ほぼ100％であるといえるため，経常的な行政コストを税収等と国県等補助金でもって賄えており，過去から蓄積した資産の取崩しや翌年度の負担が増加したことではない。しかし，今後，仮に，長期的な市税収入の減少と経常経費の増加傾向（経常費用のうち移転費用，つまりは社会保障給付等の割合も増加傾向にあるであろう）がみられると，さらに財政状況を圧迫することになろうと推定される。経年比較をしつつ対策を講じることが必要である。

❺ 歳入額対資産比率

〈 指標 〉

歳入額対資産比率＝資産合計÷歳入総額

3.03 ＝ 4,851,408 ÷ （1,095,548＋139,487＋291,781＋123＋71,412）（図表 1-13）

＊歳入合計は，資金収支計算書の各部（業務収入，投資活動収入，財務活動収入）の収入額合計（臨時収入を含む）および前年度末資金残高を合計して算出。

〈 解説 〉

　歳入総額に対する資産の比率を算定し，今まで形成されたストックである資産が何年分の歳入の規模に匹敵するかがわかる。多くの地方公共団体では，3.0 〜 7.0 の間になっている。

　本事例では，現在形成された資産について，3.03 年分の歳入が充当されていることになる。今後は単体と連結の数値を算出し，経年比較するとよいと思われる。つまり，歳入額対資産比率が平均的な値（3 〜 7％）のなかにあっても，資産総額の増加以上に，分母となる歳入総額も増加していれば問題はないが，資産総額と歳入総額がともに減少する場合や歳入総額が急に減少しているということになれば，財政上の対応が求められるためである。

❻ 地方債の償還可能年数

〈 指標 〉

地方債の償還可能年数（年）＝地方債残高÷業務活動収支

30.97 年＝ （2,180,263＋151,602＋79） ÷ 75,278 （図表 1-11，1-13）

＊「地方債残高」については，地方債に限らず，退職手当引当金などから充当可能な基金等を控除した「実質債務額」を用いる考え方もある（総務省（2016）「財務書類等活用の手引き」（「統一的な基準による地方公会計マニュアル（平成 28 年 5 月改訂）」）を参照）。しかし，ここでは，貸借対照

表から，固定負債・流動負債に計上されている地方債残高額（地方債等＋1年内償還予定地方債等）および長期未払金の合計額を用いている。

〈 解説 〉

　地方債を，経常的に確保できる資金（ここでは行政サービス提供に関する収支である業務活動収支の黒字額）で返済した場合に，何年で返済できるかを表す指標で，借金の多寡や債務返済能力をみる。地方債残高が増加すると，地方債の償還可能年数が上昇する。過度な地方債残高とならないよう計画的に，世代間の負担の公平性に留意する必要がある。多くの地方公共団体では，3〜8年ほどとなっている。

　本事例では，経常的に確保できる資金，つまり償還可能な資金に比して，地方債が多額にある。公共施設整備が行われ投資活動収支がマイナスになっており，さらに地方債の償還つまり借金返済を進めている財務活動収支がマイナスになっていることも併せて確認が必要である。道路，上下水道といったインフラ資産の適切な維持管理を行い，長寿命化や更新費用の平準化を図りつつ，持続的な行財政運営に努めることが必要である。

第 **2** 章

新地方公営企業会計基準の
概要とポイント

1. はじめに

　地方自治体の経営する水道事業，交通事業等は公営企業とよばれ，その経営の根幹として事業の経費には事業に伴う収入を充てることとしている（地方財政法6条）。そのため，事業収入と事業経費を適切に把握するための会計には，複式簿記発生主義の企業会計方式の採用が望ましい。わが国では，昭和27（1952）年に地方公営企業法が制定され，主要な公営企業には決算書類として企業会計原則に準拠した財務諸表の作成が義務づけられ，それ以来，企業会計原則に準拠しつつも公営企業の特性を反映させた独自の基準を擁する地方公営企業会計制度とよばれる会計制度が適用されてきた。

　しかし，近年になって，わが国の企業会計基準は，より理論的で精緻なものへ，また国際的標準化の方向へと大きく舵を切り，会計ビッグバンともいわれる大変革を遂げた。一方で，地方公営企業会計制度は，昭和41（1966）年に独立採算の考え方へ修正を加える法改正が行われたが，それから以降は見直しの議論は重ねられたものの大きな改正は行われなかった。このため，地方公営企業の会計基準は，企業会計基準との乖離が目立つようになり，その特殊性ばかりが目につき基準としての普遍性が少なからず損なわれていた。

　その地方公営企業会計制度も，平成21（2009）年に至り広義には会計制度に包含される資本制度の部分等も含めてようやく見直しの方向が定まり，平成24（2012）年に46年ぶりとなる関係政省令等の大幅な改正が行われ，平成26（2014）年度の予算決算から現行の企業会計基準を最大限取り入れた新しい基準に生まれ変わった。

第2章
新地方公営企業会計基準の概要とポイント

2. 公営企業の会計制度

（1）公営企業の区分と会計方式

　一般に，一定の目的と計画に基づいて継続して行う経済的活動を事業といい，事業のうちその経営に伴う収入をもってその経費に充てる形態のものを企業という。

　地方自治体も交通事業，ガス事業，水道事業その他の企業に相当する事業を行っており，それらの事業を公営企業という（地方財政法5条）。ただし，その経営組織は地方自治体の内部にあり，法人格をもたない。

　公営企業のうち，政令で定める13事業（水道，工業用水道，交通，電気，ガス，簡易水道，埋立・埠頭等の港湾整備，病院，市場，と畜場，観光施設，宅地造成，公共下水道）については，特別会計を設置する義務があり，一部の経費を除き，当該企業の経営に伴う収入（地方債を含む）をもってその経費に充てなければならない（地方財政法6条および同施行令46条）。

　さらに，上記13事業のうち，水道（簡易水道を除く），工業用水道，交通のうち軌道，自動車輸送，鉄道の3事業，電気（ごみ発電，風力発電等を除く），ガスの各事業については，地方財政法に対する特別法である地方公営企業法の適用を義務づけられ，地方公営企業とよばれている（地方公営企業法2条1項）。また，病院事業については，地方公営企業法の一部（同法第3章「財務」17〜35条の規定等）の適用を義務づけられている（同法2条2項）。地方公営企業法の適用を受ける公営企業は，経営組織や運営に一段と高い自律性を認められると同時に，その経営成績を明らかにするため，計理の方法は複式簿記発生主義による企業会計方式をとる必要がある（同法20条ほか）。この同法第3章「財務」の規定（財務規定）による会計方式を地方公営企業会計という。

　なお，上記13事業のうち残る，交通のうち船舶事業，電気のうちごみ発

69

電，風力発電の事業，簡易水道，埋立・埠頭等の港湾整備，市場，と畜場，観光施設，宅地造成，公共下水道の各事業についても，条例により地方公営企業法の規定の全部または一部（財務規定等）を任意に適用し，経営組織を置き会計方式として地方公営企業会計を採用することができる（同法2条3項および同施行令1条2項）。

また，上記13事業以外の事業であっても，住民の福祉の増進を目的としその収支を明らかにして経営する必要があるのであれば，事業の種類を問わず，条例により特別会計を設置して経営することもでき，さらには地方公営企業法の適用を受け地方公営企業会計を採用することもできる。そのような地方公営企業の例としては，介護サービス，駐車場整備等の事業がある。

このように，公営企業は，採用する会計方式の面からみて，地方公営企業法「財務規定」（地方公営企業会計制度）適用の企業（法適用企業，法の全部適用企業と財務規定等の部分のみ適用の企業を含む）と，それ以外（法非適用企業，計理は官庁会計方式）に区分される。

そこで，公営企業の料金収入額を基準に，法適用企業と法非適用企業の割合を比較すると，全体の9割が法適用企業で占められている。公営企業の会計方式としては，地方公営企業会計の適用が主流であることが理解できよう。

（2）地方公営企業会計制度の概要

❶ 地方公営企業会計の原則

地方公営企業法は，第20条において，計理の目的および方法について以下のとおり定めている。

1 地方公営企業においては，その経営成績を明らかにするため，すべての費用及び収益を，その発生の事実に基いて計上し，かつ，その発生した年度に正しく割り当てなければならない。

2 地方公営企業においては，その財政状態を明らかにするため，すべての資産，資本及び負債の増減及び異動を，その発生の事実に基き，か

つ，適当な区分及び配列の基準並びに一定の評価基準に従って，整理しなければならない。

ここでは，地方公営企業会計においては，経営成績，財政状況を的確に把握するために，計理の方法として発生主義を採用し，一事業年度という期間に発生したすべての費用と収益を把握して計算し，他方でその間の費用・収益以外のすべての経済価値の増減や異動を事業年度末の資産・資本・負債の残高に含めて整理することを示している。

また，同法施行令第9条は，会計の原則について以下のとおり定めている。

1　地方公営企業は，その事業の財政状態及び経営成績に関して，真実な報告を提供しなければならない。

2　地方公営企業は，その事業に関する取引について正規の簿記の原則に従つて正確な会計帳簿を作成しなければならない。

3　地方公営企業は，資本取引と損益取引とを明確に区分しなければならない。

4　地方公営企業は，その事業の財政状態及び経営成績に関する会計事実を決算書その他の会計に関する書類に明りように表示しなければならない。

5　地方公営企業は，その採用する会計処理の基準及び手続を毎事業年度継続して用い，みだりに変更してはならない。

6　地方公営企業は，その事業の財政に不利な影響を及ぼすおそれがある事態にそなえて健全な会計処理をしなければならない。

ここでは，地方公営企業会計においては，複式簿記により真実な財務諸表を作成し，管理運営にかかる取引と建設改良等にかかる取引，すなわち損益取引と資本取引に区分すること等を示している。なお，この原則についての定めは，わが国企業会計で「一般に公正妥当と認められる企業会計の基準」のなかの中核とされる企業会計原則における一般原則に準じた規定となっている。

このように，地方公営企業会計の目的・方法等の基礎概念は基本的に企業会計と共通のものである。

なお，地方公営企業会計の詳細なルールは，「地方公営企業法施行令」，「地方公営企業法施行規則（地方公営企業会計規則）」，同規則54条の規定に基づく総務省告示「地方公営企業が会計を整理するに当たりよるべき指針」および総務省による技術的助言（Q&A，会計規程例等の総務省通知）において示されている。平成24（2012）年の新公営企業会計制度導入に当たっては，これらの政省令等のレベルにおいて大幅な改正が行われている。

❷ 地方公営企業会計における財務諸表の体系

　法適用の公営企業は，決算書類として，決算報告書，損益計算書，剰余金（または欠損金）計算書，剰余金処分（または欠損金処理）計算書および貸借対照表を作成する必要がある（地方公営企業法30条7項）。このうち，決算報告書は，公営企業といえども予算制度を採用している関係で，予算執行の実績計算表としての決算数値を，予算数値と対照させて報告する書類である。

　この決算報告書以外の書類が企業会計方式による決算を示す財務諸表である。これらの財務諸表の構成と名称は，昭和24（1949）年にわが国で初めて設定された企業会計原則の定めにならって，昭和27（1952）年の地方公営企業法制定時に導入されたもので，損益計算書，貸借対照表，剰余金（または欠損金）計算書，剰余金処分（または欠損金処理）計算書から構成され，その後変更されていない。ただし，各表の名称は当時のままであっても，その内容は企業会計基準の変化に対応して省令等の改正により大幅に変更されている。

　このうち，損益計算書はその年度におけるすべての収益とそれに対応するすべての費用を記載し，損益（経営成績）がどうなっているかを明らかにする計算表である。また，貸借対照表はその年度の企業経営の結果，年度末において当該企業が保有するすべての資産，負債および資本の状況（財政状態）はどうなっているかを総括的に表示した計算表である。

　さらに，剰余金（または欠損金）計算書は，資本の構成要素である資本金および剰余金（利益剰余金および資本剰余金）がどのように増減変動したかの内容を示す書類で，利益剰余金には未処分利益剰余金または未処理損失金

が含まれる。一方，剰余金処分（または欠損金処理）計算書は，その年度に生じた利益の処分等（未処分利益剰余金の処分または未処理欠損金がある場合の処理のほか，資本剰余金の処分および資本金の額の減少を含む）についての，条例ないし議会に議決による処分の内容を明らかにする書類である。なお，この2つの書類はその後の内容変更のため，現状では名称が実態と一致しているとは言いがたい。

このほか，決算時に併せて提出しなければならない決算附属書類として，証書類，事業報告書，収益費用明細書，固定資産明細書および企業債明細書があり，新会計基準ではこれに，キャッシュ・フロー計算書が追加となった（地方公営企業法施行令23条）。

財務諸表の体系は，企業会計においても経済社会の環境変化や利用者ニーズの拡大に対応して幾多の変遷を経てきている。そのため，企業会計原則に準拠した他の会計制度では，財務諸表の体系がその制定された時期やもととなる制度固有の考え方により多少異なるのはむしろ自然なことである。

現行の地方公営企業会計と他の会計制度の財務諸表体系を比較すると以下のとおりである（図表2-1）。

■ 図表2-1　地方公営企業会計と他の会計制度の財務諸表体系比較

	地方公営企業会計	企業会計	地方独立行政法人会計
根拠条文等	地方公営企業法30条7項ほか	会社法435条2項ほか 財務諸表等規則1条1項	地方独立行政法人法34条1項ほか
財務諸表名	貸借対照表 損益計算書 剰余金（または欠損金）計算書 剰余金処分（または欠損金処理）計算書 （キャッシュ・フロー計算書注）	貸借対照表 損益計算書 株主資本等変動計算書 キャッシュ・フロー計算書	貸借対照表 損益計算書 利益の処分又は損失の処理に関する書類 キャッシュ・フロー計算書 行政サービス実施コスト計算書

注：地方公営企業会計のキャッシュ・フロー計算書は決算附属書類の位置づけである。

出所：根拠条文等に基づき筆者作成。

地方公営企業会計においても，決算書類・決算附属書類の中核となるのは，損益計算書，貸借対照表およびキャッシュ・フロー計算書の3つの表である。地方公営企業の場合，これら3表は，決算時のみならず予算作成時においても，予算に関する説明書の一部として作成される。その場合にも，様式は決算時の書類に準じて作成されるが，名称は予定損益計算書，予定貸借対照表および予定キャッシュ・フロー計算書となる。

地方公営企業会計における損益計算書，貸借対照表およびキャッシュ・フロー計算書など，これらの財務諸表や決算附属書類の様式は地方公営企業法施行規則に定められている。

❸ 予算・決算との関係

公営企業が地方公営企業会計を適用すると，その予算における予定収入と予定支出は，収益的収入および支出（損益取引）と資本的収入および支出（資本取引）に区分して記載される（地方公営企業法施行令17条2項）。予算執行の結果としての決算においても，予算と同様の区分による実績が決算報告書に記載される。

収益的収支（損益取引）ではすべての収益とこれに対応するすべての費用，すなわち非現金支出である減価償却費や引当金繰入額等を含めた費用が計上される。この収益的収支の内訳と差引から損益情報の的確な把握が可能となる。一方，資本的収支（資本取引）では収益的収支以外の貸借対照表勘定に属する取引等が計上される。

この収益的収支差引額と資本的収支差引額を合算して，現金支出を伴わない当年度分損益勘定留保資金額や繰越工事資金にかかる留保額等を調整すると現金ベースの全体資金収支となる。ここで，損益勘定留保資金とは損益勘定のなかに留保された資金の意味で，具体的には当該年度の純損益が黒字の場合に収益的支出のうちの非現金支出（減価償却費，固定資産除却費等）が収益的収入のうちの非現金収入（長期前受金戻入）を上回る額をいう。ただし，非現金支出のうち引当金繰入額については将来の支出を想定して留保を

第 2 章

新地方公営企業会計基準の概要とポイント

■ 図表 2-2　収益的収支と資本的収支に区分した決算の実例

平成28年度　横浜市水道事業会計決算概要表（税込）

（単位：百万円）

区　分			金額
収益的収支	収入	水道料金	69,702
		【参考】水道料金（税抜）	64,544
		水道利用加入金	3,115
		他会計繰入金	5,140
		長期前受金戻入	5,355
		そ　の　他	3,918
		計	87,249
	支出	人　件　費	11,572
		物件費等	21,390
		他団体からの受水費等	16,534
		減価償却費等	21,219
		支払利息等	3,295
		計	74,009
	収益的収支差引		13,240
	消費税等調整額		1,544
	純　損　益		11,696
資本的収支	収入	企　業　債	6,147
		一般会計出資金	393
		工事負担金等	1,203
		国庫補助金	220
		そ　の　他	9
		計	7,971
	支出	建設改良費	24,375
		企業債償還金	9,902
		投　資	401
		計	34,677
	資本的収支差引		△26,706
全体資金収支	収益的収支差引		13,240
	資本的収支差引		△26,706
	当年度分損益勘定留保資金		16,576
	繰越工事資金にかかる増減		△598
	そ　の　他		△1,056
	計（当年度資金収支）		1,456
前年度末資金残額			19,026
累積資金残額			20,482

出所：横浜市水道局（2017）「平成28年度 横浜市水道事業会計及び工業用水道事業会計決算（速報値）の概要」
（7月）をもとに筆者作成。

図るべき資金であるとの考えから原則として損益勘定留保資金には含めない。

　なお，資本的収支差引額が赤字の場合，すなわち企業債等の外部資金収入だけでは設備資金等の資本的支出を賄いきれない場合には，その不足額を企業内に留保している資金（損益勘定留保資金額，繰越工事資金留保額等）で補填できることを示す必要があり，それに充てる資金を補填財源という。補填財源は，その項目と金額を予算上にも決算上にも明記することにより，資本的収支に不足があってもそれを完全に補填できることを示す役割を担っている。

　予算・決算様式に表れる各収支の関係を，実例（横浜市水道事業の決算報告）で示すと，図表 2-2 のとおりである。

（3）会計制度見直しの基本的考え方

　近年になって，わが国の企業会計基準は，より理論的で精緻なものへ，また国際的標準化の方向へと大きく舵を切り，会計ビッグバンともいわれる大変革を遂げた。その動きに対応して，わが国では国・地方の行政改革の一環として，独立行政法人・地方独立行政法人の会計制度や一般会計等の地方公会計モデルにおいて，企業会計の考え方や，新たな基準が取り入れられた。一方で，地方公営企業会計制度は，数次にわたる見直しの議論も実現には至らず，昭和 41（1966）年以来大きな改正は行われなかった。

　その地方公営企業会計も，平成 21（2009）年 12 月の地方公営企業会計制度等研究会の報告と提言を受け，広義には会計制度に包含される資本制度の部分等も含めてようやく見直しの方向が定まり，平成 24（2012）年 2 月に 46 年ぶりとなる関係政省令等の改正，具体的には上記の会計規則，指針，Q&A 等の改訂を経て，平成 26（2014）年度の予算決算から現行の企業会計基準を最大限取り入れた新しい基準に生まれ変わった。

　また，広義には会計制度に包含される資本制度の見直しも会計基準の見直しとともに実行され，同じく長年の懸案であった企業会計方式を適用する公営企業の範囲の拡大についても，以後，検討を本格化することとなった。

その基本的考え方は以下のとおりである。

❶ 企業会計原則の最大限の取り入れ

地方公営企業の経営情報の把握に当たっては，会計の理論・実務の進展も踏まえ，より一般的かつ確立された企業会計の手法を用いることにより，民間企業比較，地方公共団体間比較等を効果的に行いつつ，その経済性の検証が適切に行われることが求められている。このため，最大限，現行の企業会計原則の考え方を取り入れる。

ただし，地方公営企業会計は，地方公共団体の会計であり，議会，住民への説明等を勘案すると，安定的であることが望ましいため，今後の企業会計原則の変更に直ちに連動する仕組みとするのではなく，その動向に注意を払いつつ，一定程度の定着を待って，反映，見直しを行っていく。また，新地方公会計モデルを引き継いだ新地方公会計統一基準（以下，統一基準）で作成される一般会計等の決算との連結等にも配慮する。

❷ 資本制度の見直し

地域主権確立の方向に沿い，地方自治体による地方公営企業経営の自由度の向上を図る観点から，関連する資本制度についても同時に見直しを行う（「3．地方公営企業の資本制度」参照）。

❸ 適用範囲の拡大

ストック情報を含む財務状況の開示の拡大の要請が強いこと等も勘案し，現在，財務規定等が適用されていない公営企業について，地方公営企業会計の適用拡大を検討する。

（4）独自の会計基準の廃止とそれに伴う変更

公営企業は地方自治の枠内で住民の福祉の増進を目的として経営すべきものであることから，その会計の基準についても，発生主義・複式簿記を採用

し，企業会計原則に準拠しつつも，公営企業の特性を反映させた独自の基準が存在していた。

しかし，新たな地方公営企業会計基準では，会計理論・実務の進展とそれを受けた企業会計基準の深化を踏まえ，先行して整備された地方独立行政法人会計基準（特に公営企業型のもの）や並行して整備された統一基準との整合性にも配慮して，公営企業の独自性の反映よりも財務諸表の理解可能性や比較可能性を高めることを優先し，最大限，現行の企業会計の考え方を取り入れることとした。

❶ 借入資本金の廃止と負債への計上変更

従来の基準では，公営企業の資金調達の特性を重視して，建設または改良等の目的のために発行した企業債および他会計からの長期借入金を，実質的に民間企業の株式資本金に相当する機能を担っているものと考え，借入資本金という勘定科目を設定し，資本の部に整理していた。

しかし，これらの企業債および他会計からの長期借入金には実態はともかく少なくとも形式上は利息の支払いや返済の義務があり，拠出されたら返還の義務のない資本金とは性格が根本的に異なるため，その処理は企業会計原則からは容認しがたいものであった。

新たな基準ではこれを改め，借入資本金勘定を廃止し，それら借入金を原則どおり負債に計上することとした。なお，公営企業の特性を考慮して，建設または改良等に充てられた企業債および他会計長期借入金（他の会計から繰り入れた借入金）については，負債計上に当たり他の借入金と区分表示する。また，企業債の償還の全部または一部を一般会計等において負担することを定めている場合には，その内容および金額を，貸借対照表に注記することとした。

第2章 新地方公営企業会計基準の概要とポイント

❷ みなし償却制度の廃止と補助金等の資本から
　負債（繰延収益）への計上変更

　従来の基準では，公営企業の料金単価設定の際のコスト算定の範囲を重視して，補助金，負担金等をもって取得した償却固定資産については，その取得価額からその取得に充てた補助金等を控除した金額を帳簿価額とみなして，各年の減価償却額を算出することを許容していた。これがみなし償却制度である。一方で，収受した補助金等は資本の部に資本剰余金として計上していた。

　しかし，みなし償却制度を採用した場合，補助金充当部分は減価償却されないこととなり，貸借対照表上の価額が資産価値を適切に表示しているとはいえず，損益計算書の減価償却費も総額ではないこととなる。しかも，その採用が各公営企業の任意とされたため，その採用の有無により，財務数値が大きく異なり，団体間比較を著しく阻害し，財務諸表の信頼性も損なっていた。

　そこで，新たな基準では，みなし償却制度を廃止した。また，償却資産の取得に伴い交付される補助金，一般会計負担金等については，負債に新たに繰延収益という区分を設け，そこに長期前受金として計上したうえで，減価償却見合い分を，順次収益化することとした。なお，繰延収益は，固定負債，流動負債とは別に負債の部に区分表示する。

　企業会計の考え方では資本の部に計上されたものをその後収益化することは認められず，事後に損益計算書に収益として計上することになる補助金等については，他の負債とは区別したうえで負債の一種として整理した。この方法は地方独立行政法人会計（地方独法会計）で採用されている方式を準用したものである。

　一方，非償却資産取得のための補助金等については，非償却資産は売却等されない限り地方公営企業により保有され続けること等から，従来どおり資本剰余金として整理する。また，建設改良費等に充てた企業債にかかる元利

79

償還金に対する繰入金は，固定資産取得にかかる補助金等に準じたものとして取り扱う。

なお，新基準への移行時には，過年度取得資産についても，当初から新基準で処理を行っていたかのように修正を行うこととされた。

❸ 繰延勘定の廃止と繰延資産の新設

従来は，災害による事業用資産の損失や将来の事業年度に影響する特定の営業経費について，繰延勘定として資産の部に計上し，その損失や費用を次年度以降に繰り延べ，償却することを可能とする制度があった（地方公営企業法施行令26条）。

しかし，その対象範囲は災害損失から，開発費，試験研究費，退職給与金，企業債発行差金，控除対象外消費税まで幅広く，計上基準や繰り延べる意義等が明確でないため，企業会計の繰延資産（創立費や開業費等の5項目に限定）との整合性や地方独法会計において繰延資産（繰延勘定）が認められていない（費用として処理する）こととの整合性に問題があった。

そこで，これまで設けられていた繰延勘定について，以後の新規計上を認めないこととし，すでに計上されている項目の償却の終了をもって廃止する。代わって，繰延資産を新設するが，そこへの計上は限定的なものとし，具体的には，鉄道事業法に基づく許可があった場合の災害損失のみに限定してその計上を認める。また，控除対象外消費税については，これまでの繰延勘定から，長期前払消費税として固定資産の投資その他の資産への計上に変更することとした。

(5) 近年に企業会計に取り入れられた会計基準の導入

新会計基準における主要な変更には，これまで公営企業独自に設けていた基準を廃止し，より原則的な考え方に収れんさせたものと，近年に企業会計に取り入れられた基準を公営企業にも導入したものに二分される。そのうち，後者の概要は以下のとおりである。

❶ 引当金の計上義務化

　従来は，勘定科目表の固定負債に引当金の分類があり，退職給与引当金と修繕引当金の2つが例示されるにとどまっており，引当金についての定めや義務づけ等の規定はなかった。しかし，適正な損益計算，財政状態の表示を行う観点および企業会計・地方独法会計・新地方公会計モデル（統一基準の公表以前に総務省研究会が公表したモデル）との整合性から，引当金の要件を満たすものについては，引当金の計上を義務化することとなった。引当金の種類としては，退職給付引当金，賞与引当金，修繕引当金，特別修繕引当金，貸倒引当金が例示されている。

　このうち，退職給付引当金については，従来，任意で計上されていた退職給与引当金を企業会計基準に準拠した退職給付引当金に衣替えし，その計上を義務化した。ただし，小規模企業等については，退職給付引当額の計算において，企業会計や地方独法会計と同様に，原則法以外に簡便法（期末要支給額方式，旧基準で採用していた考え方）によることを認める。

❷ たな卸資産における低価法の採用

　従来は原則として取得価額で計上されていたたな卸資産について，たな卸資産の実態を適切に表示し財政状態をより適切に表示するため，および企業会計・地方独法会計との整合性から，時価が帳簿価額より下落している場合には，当該時価を貸借対照表価額とする，いわゆる低価法を義務づけることとした。

　なお，地方公営企業が有するたな卸資産には商品や製品はほとんどなく，大部分が事業用の部品や消耗品である。

❸ 減損会計の導入

　地方公営企業会計に減損会計を導入する。企業会計および地方独法会計においては，すでに減損会計を導入しており，それと歩調を合わせるものである。

減損会計導入により，過大な帳簿価額を適正な金額まで減額でき，公営企業の経営成績をより明らかにすることができる点で，多額の固定資産を有する公営企業に減損会計を導入する意義は大きい。

❹ リース会計の導入

地方公営企業会計にリース会計を導入する。企業会計および地方独法会計においては，すでにリース会計を導入しており，それと歩調を合わせるものである。

なお，中小規模の地方公営企業においては，所有権移転外ファイナンス・リース取引について，通常の賃貸借取引にかかる方法に準じて会計処理を行うことができる。

❺ セグメント情報の開示の導入

地方公営企業会計にセグメント情報の開示を導入する。企業会計および地方独法会計においては，すでにセグメント情報の開示を導入しており，それと歩調を合わせるものである。

❻ キャッシュ・フロー計算書の新規作成

キャッシュ・フロー計算書を新たに作成することとする。企業会計・地方独法会計においても，キャッシュ・フロー計算書はすでに導入されており，統一基準においてもそれと同様式の資金収支計算書が導入された。

地方公営企業会計においても，発生主義会計の数値を現金収支（資金の変動）の面から補完する情報を得ることが可能となり，キャッシュ・フロー計算書導入の意義は大きい。

❼ 注記事項の整備

企業会計・地方独法会計においては，重要な会計方針にかかる事項や各種附属明細書等の情報が，財務諸表本体とは別に注記事項として整備されてい

る。地方公営企業会計においても，同様に，注記すべき事項が一覧として整備された（地方公営企業法施行規則第9章「注記」）。

(6) 勘定科目等の見直し

以上の変更に伴い，見直された勘定科目等のうち主なものは以下のとおりである。

❶ 勘定科目の見直し

見直された主な勘定科目とその内容を図表2-3に示す。

■ 図表2-3　見直された主な勘定科目

	勘定科目	見直しの内容
貸借対照表	借入資本金	負債（企業債，他会計借入金）として計上するため廃止
	繰延収益（長期前受金）	償却資産の取得に伴う補助金等を計上（減価償却に伴い収益化）
	引当金	退職給付引当金，賞与引当金，修繕引当金，特別修繕引当金等を計上
	繰延資産	事業法において計上を認められているもの以外は計上を認めない
	控除対象外消費税	「長期前払消費税」として固定資産計上
	リース資産・債務	一定の基準に該当する場合，売買取引に係る方法に準じて会計処理
	減損損失累計額	固定資産の減損を行う場合には，当該固定資産の帳簿価額から直接控除する。ただし，減損損失累計額を記載することも可能
損益計算書	長期前受金戻入	減価償却に伴い「長期前受金」を収益化
	たな卸資産	低価法による評価を行った場合に評価損を計上（営業費用）
	減損損失	固定資産の減損を行った場合に減損損失を計上（特別損失）
	リース取引	リース資産の減価償却費を計上（営業費用）

出所：総務省自治財政局公営企業課（2013）「地方公営企業会計制度の見直しについて」（12月）に基づき筆者作成。

❷ 財務諸表に注記として追加

- 重要な会計方針に係る事項（資産の評価基準および評価方法，引当金の計上方法等）
- セグメント情報
- 重要な後発事象

（地方公営企業法施行規則第9章「注記」35条）。

❸ 附属書類として追加

- キャッシュ・フロー計算書

（地方公営企業法施行令23条）。

3. 地方公営企業の資本制度

（1）資本制度の意義と見直しの経緯

　株式会社に代表される会社制度は，重要な社会インフラとして法制度により整備されている。その会社法制の根幹部分として，出資者による拠出資本金を中核とする資本に関する制度（資本制度）が形成されている。

　わが国の会社法制は，明治32（1899）年成立の旧商法によりその骨格が形成され，長く維持されてきた。しかし，経済社会の発展と環境変化，国際化の進展等を背景に，旧商法の規定の現代化を求める声が強まり，平成17（2005）年に会社法が新たに制定され，資本制度についても抜本的な見直しが行われた。

　新生会社法の最大の特徴は，規律の適用につき定款自治による柔軟性を大幅に許容した点にあり，資本制度に関しても最低資本金制度の見直し，新株予約権発行手続の整備，資本金・準備金等の変動にかかる規定の整備，資本

第2章
新地方公営企業会計基準の概要とポイント

金の減少の決議要件の柔軟化等が図られた。

　一方，地方公営企業の資本制度は，昭和27（1952）年の地方公営企業法制定時に，公営企業としての実体を整えるために，発生主義会計制度の導入とともに，わが国会社法制の資本制度をベースに公営企業の特性を反映するように制度を手直しして形成されたものである。特に，公営企業においては，一般の会社と異なり株式発行等払込資本による資本充実の仕組みがないことから，それに代わる経営の安定化・健全化を図る仕組みとして，利益の一定割合を積み立てる積立金制度，利益を資本金に組み入れる組入資本金制度等の制度が導入された。

　しかし，近年，公営企業においても多様化・成熟化・財政の困難化等の変化が顕著に現れ，地方公営企業の資本制度についてもその硬直性等が問われるようになった。そのため，地方公営企業会計制度の見直しの一環として，地方公営企業の資本制度についても，わが国会社法制における新たな展開も踏まえ，見直すこととなり，平成24（2012）年の改正地方公営企業法および関係政省令の施行によりそれが実現した。

（2）地方公営企業資本制度の概要

　新しい地方公営企業会計の勘定科目表によれば，貸借対照表資本の部の区分は以下のとおりである（図表2-4）。

　このほか，制度改正以前には，資本金の区分に借入資本金が含まれていた（新地方公営企業会計では負債の区分に変更）。借入資本金という特殊な概念の消滅により，新基準においては，資本（純資産）の概念について企業会計等との大きな乖離はなくなった。

　なお，資本金については，公営企業の自己資金形成の特徴により，固有資本金（法適用時における資産負債差額），繰入資本金または出資金（他会計からの出資金等），組入資本金（未処分利益剰余金からの組入額）の3種類の区別がある（貸借対照表上にそのように区分表記されるケースもある）。

85

■ 図表2-4　資本の部の勘定科目区分

区分	（款）	（項）
資本金	資本金	－
剰余金	資本剰余金	再評価積立金 受贈財産評価額 寄附金 その他資本剰余金
	利益剰余金	減債積立金 利益積立金 その他積立金 当年度未処分利益剰余金 （または当年度未処理欠損金）

出所：総務省自治財政局公営企業課長通知（2012）「地方公営企業の会計規程（例）について」（10月）。

（3）資本制度見直しの概要

　資本制度の見直しは従来から課題とされていたが，その際の問題点として，内部留保が十分に確保されなくなる可能性が指摘されていた。しかし，地方財政健全化法が制定され，早期の経営健全化の制度が設けられ，その危惧は減少したことから，資本制度の見直しが実現した。

　その内容は以下のとおりである。

❶ 利益剰余金処分の弾力化（法定積立金の積立義務の廃止等）

　従来，地方公営企業が各年度に利益を生じた場合には，前事業年度から繰り越した欠損金があるときはその利益をもってその欠損金をうめ，なお残額があるときはその残額の20分の1以上を法定積立金（①減債積立金または②利益積立金，実施する場合の順序は①→②）に積み立てなければならないとされていた。また，減債積立金は企業債の償還に充てる場合のほか使用できず，利益積立金は欠損金をうめる場合のほか使用することができないとされていた。

　これに対し，現行の企業の資本制度では，一定の制限はあるが，株主総会

決議等の手続きを経れば利益の処分は自らの経営判断で可能である。

そこで，各地方公営企業（地方公共団体）の経営判断の余地を広げる観点から，条例または議会の議決によって利益を任意に処分できることとし，これに伴い従来の法定積立金（減債積立金，利益積立金）の積立義務を廃止した。

❷ 資本剰余金処分の弾力化

資本剰余金についても，現行の企業の資本制度でその処分が可能であることを踏まえ，(1) と同様の観点から，条例または議会の議決によって必要に応じ，取崩しを行うことができることとした。

❸ 資本金への組み入れの弾力化（強制組み入れ制度の廃止等）

従来，利益剰余金である減債積立金および任意積立金のうち一部のものについて，資本金のうち組入資本金への一定額の組み入れを義務づける制度が存在していた。これに対し，現行の企業の資本制度では，必要に応じて，準備金，剰余金の資本金組入れが可能とされている。

そこで，各地方公営企業（地方公共団体）の経営判断の余地を広げる観点から，条例または議会の議決によって利益剰余金を資本金に組み入れ自己資本の充実を図ることを可能とする一方で，減債積立金等の資本金（組入資本金）への強制組み入れ制度を廃止した。

また，資本剰余金についても，同様の観点から，条例または議会の議決によって必要に応じて資本金に組み入れることができることとした。

❹ 資本金を減少する制度の創設

従来，地方公営企業の資本金については，取崩しに関する規定は設けられていなかった。これに対し，現行の企業の資本制度では，株主総会決議等の手続きを経れば資本金の額を減少させることができる。

そこで，地方公営企業においても，条例または議会の議決によって必要に

■ 図表2-5 資本金・剰余金処分の可否についての見直し

	利益剰余金の処分	資本剰余金の処分	資本金の額の減少
改正前	①1/20を下らない金額を減債積立金又は利益積立金として積立 ②残額は議会の議決により処分可	①原則不可 ②補助金等により取得した資産が滅失等した場合は可 ③利益をもって繰越欠損金を補塡しきれなかった場合は可	不可
改正後	条例または議決により可	条例または議決により可	議決により可

出所：総務省自治財政局公営企業課（2013）「地方公営企業会計制度の見直しについて」（12月）。

応じて，資本金の額を減少させることができることとした。

これらの改正により，資本金・剰余金処分の可否について，以下のとおりの弾力化が図られた（図表2-5）。

4. 法非適用企業への適用の推進

（1）地方公営企業会計適用の意義と適用推進のねらい

地方公営企業法非適用の公営企業が地方公営企業会計を適用する意義として，以下の点を挙げることができる。

第1に，公営企業が地方公営企業会計を適用すると，発生主義・複式簿記による損益計算書，貸借対照表等の作成が義務づけられ，損益および財産の状態等の企業としての経済活動の成果が，全体的に正確に把握されることになる。特に，資産および減価償却の網羅的把握のために整備される固定資産台帳は，公営企業の固定資産管理を大きく改善する。それにより，公営企業の管理者等は住民等に対し企業の活動状況を説明する責任を果たすとともに，企業の的確な経営方針・経営計画を策定できるようになる。

第2に，地方公営企業会計には出納整理期間の定めがないこと等により，

地方公営企業会計を適用した公営企業の決算は一般会計等の決算より3ヶ月早い5月末までに確定することとなり，その結果の迅速な活用が可能となる。

さらに第3として，地方公営企業会計を適用した公営企業は，地方公営企業法による特例の定めにより，予算分類段階が「目」以下の場合の予算の流用について弾力的な取扱いが認められるほか，業務量の増加に伴い増加する収益をもって予算超過となる経費への支出が認められる等の，経営の自律性を支える制度面からの仕組みを利用できる。

一方，公営企業を取り巻く環境は，近年以下のように大きく変化している。

第1に，わが国は少子高齢化の進展により人口減少時代に突入しており，重要な社会インフラである公営企業の諸事業は需要の減少に直面し，その経営は厳しさを増し一層の効率化を求められている。

第2に，公営企業は膨大な有形固定資産を有するが，それらは高度経済成長期などに集中的に整備されたため一斉に老朽化し，または近いうちに老朽化の時期を迎えようとしており，その更新投資の必要性が高まっている。

さらに第3として，近年の国と地方を通じた厳しい財政事情のなかで，公営企業の収益の低迷や更新投資の増大は大きな負担となりつつある。

このような環境変化を背景に，総務省は，これまで地方公営企業会計を適用していない公営企業においても，地方公営企業会計を適用することにより正確で透明性の高い活動成果を把握し，住民等に対する説明責任を果たすとともに経営の効率化を進める方向性を強く打ち出すようになってきた。これが今日，地方公営企業会計適用事業の範囲を拡大し，または個々の企業の地方公営企業会計採用を促進しようとする法非適用企業への法適用（法適化）推進政策のねらいである。

（2）重点事業への地方公営企業会計適用拡大

公営企業の行う事業はいずれも地方公共団体が提供する重要な住民サービスである。それらのサービスを持続可能なものとするため，すべての公営企

業において経営の質と効率性を向上させる必要があり，その方策としての地方公営企業会計の適用は，基本的にはすべての企業が行うべきものである。

しかしながら，総務省は，個々の公営企業における地方公営企業会計の採用を促進するのみでは政策として不十分であると考え，特定の重点事業については全国規模での地方公営企業会計の適用を強く働きかけていくこととした。その対象として指定したのが簡易水道事業と下水道事業である。

簡易水道事業と下水道事業はともに，住民生活とのかかわりが深いこと，装置産業であり固定資産管理の必要性が高いこと，施設の老朽化が進み更新を行う必要性が高まっていることなど，早期に法適用を進める必要性が高い事業である。

また，簡易水道事業は，すでに法適用（地方公営企業会計適用）事業である上水道事業との類似性が高いことも指定された大きな理由である。その上水道事業は，昭和27（1952）年の地方公営企業法施行後，段階的に適用範囲を拡大し，昭和41（1966）年にはすべての団体が法適用（地方公営企業会計適用）となっている。

一方，下水道事業が適用拡大の対象事業に指定された最大の理由は，その規模の大きさにある。下水道事業の料金収入額は病院事業，上水道事業に次いで3番目の大きさであり，法非適用企業だけをみると最大の規模となっている。経過年数や資産規模などの各種指標においても，下水道事業は，すべての団体が法適用（地方公営企業会計適用）となった昭和41（1966）年時点の上水道事業と同等程度となっている。

こうして，平成27（2015）年1月，総務大臣通知「公営企業会計の適用の拡大について」が発出され，下水道事業および簡易水道事業を重点事業として以下のような方針が示され，各地方公共団体に対し強い要請が行われた。

- 集中取組期間（平成27〜31年度）
- 人口3万人以上の団体の重点事業について，期間内に地方公営企業会計へ移行（平成32年4月まで）
- 人口3万人未満の団体の重点事業についても，できる限り移行

第2章
新地方公営企業会計基準の概要とポイント

- その他の事業については，団体の実情に応じて移行を推進
- 移行経費に対する地方財政措置（公営企業債（充当率100％）および元利償還金に対して普通交付税措置）

（3）地方公営企業会計の適用事例

近年，自主的に地方公営企業会計の適用に踏み切った先行事例は，総務省「地方公営企業法の適用に関する先行事例集」（2015年1月）にまとめられている。

各企業が法適用を行った理由・契機はさまざまであるが，下水道事業においては，①公会計の導入よりも公営企業会計の導入の方が経営状況の明確化，適切な使用料の算定等の面において高い効果が得られるため，②行政改革の一環としての水道事業等との組織統合のため，③経営責任の明確化，④機動的な事業運営の確保，⑤職員の経営意識の向上，⑥情報公開の推進等が挙げられている。

一方，簡易水道事業においては，上水道事業への統合を前に法適化する事例が多いようである。

5. 新地方公会計統一基準との関係

（1）地方公営企業会計からみた統一基準の位置づけ

地方公営企業会計を適用している公営企業は，地方公営企業法で定められた法定財務書類としての財務諸表を有するが，同時に，地方公共団体の組織の一部であり，地方公共団体の特別会計として存在している。

一方，平成26（2014）年4月，これまでの地方公会計の取組みを再整理した「財務書類の作成に関する統一的な基準」が示され，新たな地方公会計の整備の方向が固まった。これを受け，平成27（2015）年1月，総務大臣通知

91

により，地方公共団体の会計全体を対象として当該基準に基づく財務書類の作成が，原則として平成28（2016）年度決算から開始されることとなった。

　地方公営企業会計，新地方公会計統一基準はともに地方公共団体に発生主義・複式簿記の取組みを求めるものであるが，両者の考え方には相違があり，また統一基準は法非適用（地方公営企業会計不採用）の公営企業にも適用されること等から，その関係には留意が必要である。

　特に，法非適用（地方公営企業会計不採用）の公営企業については，統一基準で作成することとなる財務書類では利益剰余金の状況を把握することができないなどの限界があり，本来は，地方公営企業法の適用により地方公営企業会計に基づく法定財務書類としての財務諸表を作成することを優先すべきと考えられる。

　また，統一基準の財務書類作成のために固定資産台帳の整備等を行った後に，地方公営企業法適用のための移行作業を行うこととなる場合などでは，両者の整備手法に相違が存在すること等から作業の重複が懸念される。とはいえ，そのようなケースも含め，これまで固定資産関連情報が十分でなかった法非適用公営企業において，統一基準による固定資産台帳の整備が進むことには大きな意義がある。

（2）地方公営企業会計と統一基準の相違（概念と体系）

　統一基準では，地方公営企業会計を適用している公営企業を有する地方公共団体が，団体の全体財務書類を作成するには，地方公営企業会計の会計基準と統一基準に相違する点があるために，地方公営企業会計財務諸表を統一基準の財務書類に組み替えてから連結する作業が必要となる。

　以下では，地方公営企業会計の会計基準と統一基準の基準の相違についてみてゆく。

❶ 基礎概念の相違

　これまでみてきたとおり，地方公営企業会計はわが国企業会計と並ぶ半世

紀以上にわたる経緯があり，また法令に規定された内容であるのに対し，統一基準は最近の企業会計基準を基本として新たに起草されたものであり，その違いを反映して基礎概念における目的，原則等の構成や表現は大いに異なる。また，企業会計方式の報告書一式を，地方公営企業会計では従前から企業会計にならい財務諸表とよんでいるのに対し，統一基準では「省庁別財務書類の作成基準」（2004年）が用いた財務書類という呼称を踏襲している。

　そのような相違はあるが，いずれも現行の企業会計基準を最大限取り入れて作成されている基準であり，実質的には，次の点を除き基礎概念に大きな乖離はないと考えられる。唯一の顕著な相違点は，財務諸表（財務書類）の構成要素とよばれるもので，地方公営企業会計では企業会計と同様に，「資産」，「負債」，「純資産（ただし地方公営企業会計では「資本」と呼称）」，「収益」，「費用」の構成であるが，統一基準では，これに「その他の純資産減少要因」および「財源及びその他の純資産増加要因」を加えた構成となる。

❷ 財務諸表（財務書類）の体系の相違

　地方公営企業会計と統一基準の財務諸表（財務書類）の体系を比較する。

　体系のうち，貸借対照表は両者で名称も共通で，おおむね同等のものである。また，地方公営企業会計のキャッシュ・フロー計算書は統一基準の資金収支計算書と名称は異なるが，おおむね同等のものである。また，地方公営企業会計の剰余金（または欠損金）計算書の内容の一部が，統一基準の純資産変動計算書に記載される。

　これに対し，地方公営企業会計の損益計算書は，統一基準では内容により行政コスト計算書と純資産変動計算書に分離される。これは，①で述べた財務諸表の構成要素について，統一基準では「収益」から「財源」が分離されたことに伴うものである。具体的には，地方公営企業会計の損益計算書で営業外収益に計上される「（償却資産の取得に伴うもの以外の）補助金等」の項目が，統一基準では純資産変動計算書の「財源」の項目に計上されることとなる。

剰余金処分（または欠損金処理）計算書については，統一基準では該当するものがない。

（3）地方公営企業会計と統一基準の相違（勘定科目・会計処理）

❶ 貸借対照表科目の相違

貸借対照表科目の主な相違点は以下のとおりである。

- 貸倒引当金

  地方公営企業会計における「貸倒引当金」は，統一基準では「徴収不能引当金」に読み替える。

- 退職給付引当金

  地方公営企業会計における「退職給付引当金」は統一基準の「退職手当引当金」と計上方法が異なる。

- 法定福利費引当金

  地方公営企業会計における「法定福利費引当金」は統一基準では「賞与等引当金」に含める。

- 繰延収益

  地方公営企業会計では「償却資産の取得に伴う補助金等」をいったん繰延収益（長期前受金）に計上するが，統一基準では負債の部に繰延収益という区分はない（その額は発生の都度，純資産変動計算書の「財源」に計上される）。

- 資本（純資産）の部の分類

  地方公営企業会計では資本の部を資本金と剰余金に区分するが，統一基準では純資産の部を固定資産等形成分，余剰分（不足分）および他団体出資等分に区分するなど，分類が異なる。

❷ 損益計算書（行政コスト計算書）科目の相違

損益計算書（行政コスト計算書）科目の主な相違点は以下のとおりである。

第2章
新地方公営企業会計基準の概要とポイント

● 費用科目の区分

　地方公営企業会計では営業経費の細分類は各事業の特性を反映した科目区分となっており，多くの場合人件費が単独の科目としては表示されない。一方，統一基準では業務費用の細分類として人件費，物件費等の科目区分を設けている。このため，統一基準の財務書類に組替える際には，地方公営企業会計勘定科目表の節の区分を参照して人件費を抽出し振り分ける必要がある。

● 長期前受金戻入

　地方公営企業会計には繰延収益（長期前受金）に計上した「償却資産の取得に伴う補助金等」を営業外収益として戻入する科目が存在するが，統一基準にはない。

● 減損損失

　地方公営企業会計では減損会計を導入しており，減損損失が計上されることがあるが，統一基準では減損会計を導入していない。

❸ 会計処理の相違

会計処理における主な相違点は以下のとおりである。

● 償却資産の取得に伴う補助金等

　償却資産の取得に伴う補助金等について，地方公営企業会計ではいったん繰延収益（長期前受金）に計上し，当該償却資産の減価償却の進行に伴い収益化するのに対し，統一基準では純資産変動計算書の「財源」に一度に計上される。

● 償却資産の減価償却方法

　償却対象の有形固定資産の減価償却方法は，地方公営企業会計では残存価額を取得価額の一律10％，償却限度額を100分の95とするのに対し，統一基準では残存価額0，備忘価額1円まで償却可能である。また，地方公営企業会計では，一部の資産について定率法，取替法を採用することができるが，統一基準では定額法のみとなっている。

95

耐用年数については，地方公営企業会計では地方公営企業法施行規則別表第二号に定める耐用年数によることとなっている。ただし，ここに定める耐用年数は原則として「減価償却資産の耐用年数等に関する省令」（昭和40年大蔵省令第15号）によっており，統一基準も原則として同省令によっているので，大きな差異はない。

　ただし，地方公営企業会計では，水道，工業用水道，下水道の構築物等において，一体として総合償却する場合の耐用年数が独自に定められているので，留意が必要である。

（4）地方公営企業会計に固有の監査上の留意点

　以上みてきたとおり，地方公営企業会計と統一基準の基準は，いずれもわが国企業会計の基準に基づき構成されており，共通する部分は多いものの，細部において異なる点も少なくない。

　そのため，地方公営企業会計を適用している公営企業の監査に当たっては，特に新地方公営企業会計の適用に関する部分を中心に，固有の監査上の留意点が存在する。以下に，地方公営企業会計基準において新たに見直しや追加の対象となった項目を中心に，監査に際しての監査要点を整理しておく（図表2-6）。

第2章
新地方公営企業会計基準の概要とポイント

■ 図表 2-6　新地方公営企業会計の適用に関する監査要点

項目	監査要点
地方公営企業会計制度等の見直しの全体像	①改正後基準の準拠性
資本制度の見直し	①適用可能性，②準拠性
企業債及び他会計借入金（旧・借入資本金）	①負債性，②勘定科目名の妥当性
補助金等により取得した固定資産の償却制度等	①長期前受金の収益化の妥当性，②減価償却計算の妥当性
引当金	①引当金計上要件の準拠性，②退職給付引当金繰入額の妥当性
繰延資産	①実物資産性の判断の妥当性
たな卸資産の価額	①取得原価計算の妥当性，②低価法の適用の妥当性
減損会計	①減損の規模の妥当性，②減損損失の認識の妥当性
リース取引にかかる会計基準	①リース会計基準の適用要件の合致性・準拠性，②未経過リース料の注記の妥当性
セグメント情報の開示	①セグメント区分方法の妥当性，②セグメント損益，資産，負債の適正性
キャッシュ・フロー計算書	①報告様式の妥当性
勘定科目等の見直し	①勘定科目の適切性
減資制度の創設	①減資判断の適法性
財務規定等の適用範囲の拡大等	①法適化の拡大の進捗の妥当性

出所：筆者作成。

97

第 **3** 章

地方行政における
新地方公会計の役割と活用

1. はじめに

各地方公共団体においては，次のとおり平成29年度までにおおむね新地方公会計統一基準（以下，統一基準）による地方公会計の整備が完了する状況にある[1]。

今後，統一基準による財務書類等が作成されることにより，その特徴に基づきマネジメント・ツールとしての財務書類等の機能を積極的に活用していくことが期待される（図表3-1）。

「地方公会計の活用」とは，地方公共団体が財政運営を行ううえで必要な検討をする際に地方公会計の情報と結びつけて考えていくこと[2]と位置づけられるものであり，地方公共団体の予算，決算，行政評価などPDCAサイクル（図表3-2）のなかで活用されていくものであるといえる。

■ 図表3-1　統一基準による財務書類等の作成により期待される活用事例[2]

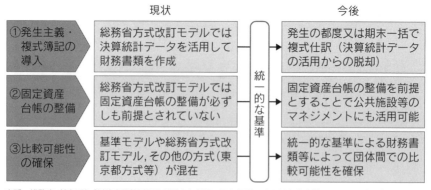

出所：総務省（2016）「財務書類等活用の手引き」（「統一的な基準による地方公会計マニュアル（平成28年5月改訂）」）。

1　総務省自治財政局財務調査課（2017）「地方公会計に関する現状と課題について」（地方公会計の活用の促進に関する研究会 第1回（平成29年10月27日）配布資料3）。
2　総務省自治財政局財務調査課・地方公共団体金融機構（2016）「地方公会計の活用のあり方に関する研究会報告書」（平成28年10月）。

第3章 地方行政における新地方公会計の役割と活用

■ 図表3-2　PDCAサイクルにおける財務書類等の活用

課題の把握	対応策の検討	対応策の実施	改善
○各種指標や財務書類の勘定科目を比較（経年比較や類似団体比較等） 【例】貸借対照表上の未収金，徴収不能引当金額等 ○固定資産台帳を元にした将来の施設更新必要額の推計等	○比較結果や将来の施設更新必要額の推計を踏まえた財政計画等の検討 ・債権回収のための全庁的な組織体制の検討 ○施設別コストの分析による施設の統廃合・民間委託の検討 ○利用者一人あたりコスト等を考慮した施設使用料の見直し	○施設の統廃合や人件費の抑制などによる財政計画の実行 ・債権回収のための全庁的な組織体制の整備 ○中長期的なコストを考慮した予算の編成 ○固定資産台帳の公表によるPPP/PFIの提案募集	○財務書類を用いた実施結果の検証，財政計画等の見直し ○行政コスト等による行政評価の実施

　各ステージにおける公会計の情報の活用　

統一的な基準による財務書類	固定資産台帳

出所：総務省自治財政局財務調査課（2017）「地方公会計に関する現状と課題について」（地方公会計の活用の促進に関する研究会 第1回（平成29年10月27日）配布資料3）より一部抜粋。

　なお，これまで総務省が公表している活用ケースは次のとおりである[3]。
① 活用ケース1：公共施設等のマネジメントに活用するため，財務書類の数値から財政指標の設定により資産老朽化比率を算出し，施設（類型別）の老朽化度合いを測る。
② 活用ケース2：当該自治体の財務状況について住民にとってわかりやすい情報開示を行うため，（発生主義・複式簿記に基づく）財務書類から把握可能となる財政指標の設定とその指標により類似団体との比較を示す。

---

[3] 総務省（2016）「財務書類等活用の手引き」（「統一的な基準による地方公会計マニュアル（平成28年5月改訂）」）より一部抜粋。

101

③活用ケース3：インフラを含む公共施設等の老朽化対策にかかる数値を把握するため，適切な資産管理（将来の施設更新必要額の推計）を実施する。

④活用ケース4：適切な資産管理に向け，未収債権の種類ごとに担当課が分かれるなかで，全庁統一的な基準による徴収手続きが実施されていなかった市全体の債権額について，貸借対照表で改めて明らかとし，未収債権の徴収体制の強化を図る。

⑤活用ケース5：セグメント分析により，予算編成への活用，たとえば予算要求特別枠の創設などを行う。

⑥活用ケース6：セグメント分析により，同様な機能の施設に関して統廃合を行う。

⑦活用ケース7：セグメント分析により，公正かつ透明性の高い受益者負担制度の運用に資するため，「施設使用料等の設定及び改定基準」および関連資料を策定する。

⑧活用ケース8：セグメント分析により，施設別の行政コスト計算書等による行政評価結果を活用して，予算編成への活用を図る。

⑨活用ケース9：人件費等の按分基準を設定し，事務事業別といった必要な単位に応じた精緻なセグメント分析を実現し，納得性の高い予算編成や政策評価等への活用につなげていく。

⑩活用ケース10：財務報告情報の開示により地方議会での予算，決算などの審議に活用する。

⑪活用ケース11：財務報告情報の開示により地方債IRへの活用を図る。

なお，先行的に新地方公会計を整備し，活用に向けて検討・着手している団体も少なくなく，現行の活用状況について総務省は図表3-3のようにまとめている。しかし，「①各種指標の公表や財務書類等を用いた住民・議会への財政状況の説明はある程度広まりつつあるが，行政内部において公共施設マネジメント等に活用している団体はごく少ない，②行政外部に対しても，地方債IR（地方債市場関係者に対する説明資料）やPPP/PFI（図表3-12参照）

第3章

地方行政における新地方公会計の役割と活用

■ 図表 3-3　地方公会計の活用状況（平成 29 年 3 月 31 日時点）

（単位：団体）

区　　　分	合計	都道府県	市区町村	指定都市	指定都市を除く市区町村
財務書類等の情報を基に，各種の指標を公表した	401 (34.2%)	23 (50.0%)	378 (33.6%)	11 (64.7%)	367 (33.1%)
施設別・事業別の行政コスト計算書を作成した	28 (2.4%)	3 (6.5%)	25 (2.2%)	4 (23.5%)	21 (1.9%)
固定資産台帳の情報を基に，将来の施設更新必要額の推計を行った	68 (5.8%)	0 (0.0%)	68 (6.0%)	0 (0.0%)	68 (6.1%)
財務書類や固定資産台帳の情報を公共施設等総合管理計画又は個別施設計画に反映した	111 (9.5%)	1 (2.2%)	110 (9.8%)	1 (5.9%)	109 (9.8%)
決算審査の補足資料とするなど，議会における説明資料として活用した	195 (16.7%)	12 (26.1%)	183 (16.3%)	8 (47.1%)	175 (15.8%)
簡易に要約した財務書類を作成するなどし，住民に分かりやすく財政状況を説明した	327 (27.9%)	23 (50.0%)	304 (27.0%)	8 (47.1%)	296 (26.7%)
財務書類等の情報を基に，市場公募債の説明会において財政状況を説明した	16 (1.4%)	11 (23.9%)	5 (0.4%)	5 (29.4%)	0 (0.0%)
財務書類や固定資産台帳の情報を基に，PPP/PFI事業の提案募集を行った	1 (0.1%)	0 (0.0%)	1 (0.1%)	1 (5.9%)	0 (0.0%)

出所：総務省自治財政局財務調査課（2017）「地方公会計に関する現状と課題について」（地方公会計の活用の促進に関する研究会 第 1 回（平成 29 年 10 月 27 日）配布資料 3）より一部抜粋。

の提案募集に活用している団体はごく少なく，指定都市を除く市区町村ではまだ例が見られない」と総括している。

　このように，地方公共団体においては整備に引き続いて地方公会計の活用が図られることが必要であることから，先進事例のさらなる収集・分析および財務書類等の新たな活用方策の検討を行うため，「地方公会計の活用の促進に関する研究会」が平成 29 年 10 月から開催され，平成 30 年 3 月同報告書が公表された。

2. 予算編成への活用

（1）予算編成への活用の趣旨[4]

　上述のように，各地方公共団体で財政状況が厳しいなか，総務省の活用事例で示された，財務書類等をセグメント分析により地方公共団体の限られた財源を予算編成に際して積極的に活用することは極めて重要といえる。

　第4章でも述べるが，官庁会計方式の決算と統一基準の財務書類の作成がどの程度並行的に行えるかで，財務情報の予算編成へのタイムリー性は変わってくる（×1年度の決算財務報告が×3年度の予算編成に活用できるということ）。その点で日々仕訳等は有用な手法であるといえる。

　しかし，施設の統廃合，受益者負担の適正化，行政評価との連携，民間委託などに関する意思決定は各地方公共団体の予算編成への活用につながるものであるが，決して単年度決算実績のみで判断しうるものではなく数年間分を蓄積することとなる。たとえば，施設建設にかかる予算編成過程において，建設費用だけでなくランニングコストも踏まえた議論を行うため，当該施設が建設された場合の施設別行政コスト計算書を試算する，直営の場合と民間委託の場合でそれぞれ試算した事業別・施設別の行政コスト計算書等の比較，隣接団体での利用状況，コスト情報の収集など，多角的に統一基準の財務情報を検討・活用することなどが想定される。

　また，たとえば，施設の統合整備などのように初年度にはある程度のコストがかかるが中長期的にはコストの縮減につながるものについては，総務省が提唱するように，通常の予算要求枠とは別途の予算要求特別枠を設定し，財務書類等を予算編成に活用するという意識を醸成していくことも考えられる。

---

[4]　前掲注3。

第3章
地方行政における新地方公会計の役割と活用

（2）予算編成への活用の具体的事例

❶ 大阪府における活用状況について

■ 図表 3-4　予算要求での活用事例

概要

○民間への委託事業の拡大要求にあたり，府職員が直接業務を行った場合の人件費や旅費などの物件費に退職手当引当金なども加えたフルコストの財務諸表，及び，民間へ委託する場合の財務諸表を作成し，コスト比較を実施。

○その結果，**民間委託を行う方が安価ということが検証されたことが一つの判断要素となり，委託業務の拡大が認められた。**

◆検証イメージ

≪キャッシュ・フロー計算書≫　　　　　　　（単位：百万円）

項目	直営の場合 A	委託の場合 B	比較 B−A
行政支出	500	450	▲50
給与関係費	400	0	▲400
物件費	100	450	350
旅費	15	0	▲15
需用費	25	0	▲25
役務費	25	0	▲25
委託料	0	450	450
使用料及び賃借料	35	0	▲35

≪行政コスト計算書≫　　　　　　　（単位：百万円）

項目	直営の場合 A	委託の場合 B	比較 B−A
行政費用	600	450	▲150
給与関係費	350	0	▲350
物件費	100	450	350
賞与引当金繰入額	15	0	▲15
退職手当引当金繰入額	135	0	▲135

キャッシュ・フロー計算書，行政コスト計算書においても，委託の方が直営に比べ，支出負担額が小さく，費用（フルコスト）も低い

出所：大阪府会計局会計指導課新公会計制度グループ（2017）「新公会計制度推進シンポジウム 2017 配布資料　大阪府における財務諸表の特徴及び活用状況について」（平成 29 年 11 月 7 日）。

❷ 千葉県浦安市におけるセグメント分析による施設使用料の適正化

受益と負担の原則に基づいて公正かつ透明性の高い受益者負担制度の運用に資するため，「施設使用料等の設定及び改定基準」および関連資料を策定する。

〈 具体的取組み 〉

施設別行政コスト計算書の経常費用等を活用して「施設のトータルコスト」

105

を算出し，当該コストに対する施設類型ごとの受益者負担率をシミュレーションして，施設使用料等を算定する。

《 期待される効果等 》

「施設のトータルコスト」から，「現行使用料」と「あるべき使用料」を算定することにより，条例改正に向けた説得力のある住民説明資料・議会上程資料の作成が可能となることが期待される。

❸ 財務情報をPDCAサイクルに組み込む等総合的な活用案（吹田市）

吹田市では公会計情報を活用する計画として，「財務諸表から得られる事業ごとのストック情報やフルコスト情報を行政評価，実施計画策定や予算編成などに活用し，PDCAサイクルを機能させる仕組みを確立することで，効率的かつ持続可能な行財政運営に努める」[5] としている（図表3-5）。

具体的には，①施設の更新計画や大規模改修の判断をする根拠として活

■ 図表 3-5　吹田市における公会計情報を活用した計画

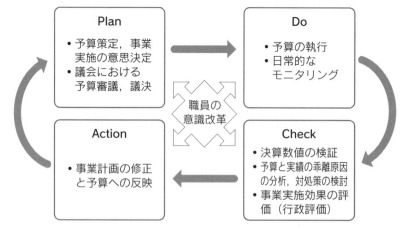

出所：大阪府吹田市（2017）「吹田市の新公会計制度（案）（4月改訂）」。

5　大阪府吹田市（2017）「吹田市の新公会計制度（案）（4月改訂）」。

用，②同種の施設の貸借対照表や行政コスト計算書を比較・分析することで，施設運営管理経費の節減・見直しに活用，③フルコスト情報から事業の評価（事業の縮小・廃止や改善策の必要性を判断），受益者負担の適正の視点に活用する等としている。

❹ 地方議会での活用に向けた情報開示（岐阜県美濃加茂市）

議会に対する予算説明資料における，各事業にかかる人件費や減価償却費等をわかりやすく報告するため，事業別にフルコストを表示したアニュアルレポート（年次事業報告書）を作成している。

3. 財政健全化への活用

（1）地方財政健全化法制の概要

❶ 健全化法制定の経緯

地方公共団体は住民の福祉の増進を図ることを基本として，地域における行政を自主的かつ総合的に実施する役割を広く担うこととされている（地方自治法1条の2）。そして，住民は，法律の定めるところにより，その属する普通地方公共団体の役務の提供をひとしく受ける権利を有し，その負担を分任する義務を負う（同法10条2項）。

つまり，地方公共団体は国民の暮らしに欠かせない広範な公共サービスを提供する役割を負っており，それに要する経費については住民全体で分担する必要がある。しかし現実には，住民ニーズには限りがない一方で，租税等の財源には限りがあり，ニーズの拡大に応える公共サービスの提供とそれに対しての財源の確保のバランスをとることは容易ではない。そのため，地方公共団体の長には常に財政を健全な状態に維持するための経営能力が求めら

107

れるとともに，住民等に対し財政運営の状況を包み隠さず，正確に，わかりやすく説明する責任がある。

しかし，バブル経済崩壊後の時期には，土地開発公社の不良資産塩漬けの実態が不透明のままであった問題や，一部の地方公共団体の著しい財政悪化が突然表明されるといった事態が起こった。これらの問題や事態は，わが国の自治体において財政の健全性に関する情報開示や事態が深刻化する前の予防措置が制度的に十分でないことを明らかにした。

具体的には，従来から赤字の地方公共団体に対する財政再建制度として地方財政再建促進特別措置法（昭和30年施行，以下，「旧再建法」という）が，赤字公営企業に対する財政再建制度として地方公営企業法（昭和27年施行，以下「地公企法」という）がそれぞれ設けられていたが，いずれも財政が悪化した後の措置を決めるのみであり，健全な財政が維持されているか否かについての事前の十分な情報開示や，事態が悪化した場合に早期に是正する措置は定められていなかった。

そこで，総務省が設置した「新しい地方財政再生制度研究会」は議論を重ね，平成18（2006）年12月，地方財政再建法制の見直しを提言した。その内容は以下のとおりである。

①この半世紀あまりで，地方公共団体の行政活動は著しく多様化してきており，地方公共団体の活動を全体として捉え，その財政状況を住民がわかりやすく把握できるよう，必要なものの追加も含め財政指標の充実が必要である。

②新しい地方財政再生制度においては，特に，1）当該団体全体の財政運営上の問題を把握しその責任を明確化するという観点，2）地方公社や第三セクターの状況も含め，当該団体の潜在的なリスクも含めた中長期的な財政運営の健全化を図るという観点から，フロー・ストックの両面の指標を用いるべきである。

③新しい地方財政再生制度においては，地方公営企業会計も連結して把握する新たなフロー指標を設け，公営企業の会計が悪化した結果，当該地

第3章
地方行政における新地方公会計の役割と活用

方公共団体全体が早期是正または再生段階に至った場合には，当該地方
公営企業会計を中心に早期是正または再生スキームが適用されるべきで
ある。

④公営企業の経営の悪化が住民生活に多大な影響を与えることのないよ
う，個々の公営企業においても，経営悪化の初期の段階から経営健全化
計画の策定を義務づけ，自律的な経営改善を促すこととすべきである。
また，このことにより，公営企業の経営が悪化した場合に普通会計に与
える影響も未然に防止することが可能となる。

以上の提言を受けて，平成19（2007）年6月，地方公共団体の財政の健全
化に関する法律（健全化法）が新たに制定され，すべての地方公共団体の財
政状況を統一的な指標で明らかにし，財政の健全化や再生が必要な場合に迅
速な対応をとることとなった。

❷ 健全化法の内容

健全化法では，地方財政の健全度を判断できる4つの指標（健全化判断比
率）と公営企業の経営状態を示す指標（資金不足比率）を設定し，それらにつ
いて監査委員の審査，議会への報告，住民への公表等を義務づけた。指標に
は，フロー（年間収支の赤字額等）だけでなくストック（負債残高等）の要素
も取り入れ，また，公社や第三セクターの会計までも対象とする指標も含まれ
た。さらに同法では，これらの指標に，すでに財政が著しく悪化したことを示
す「財政再生基準」とは別に，「早期健全化基準」（公営企業では「経営健全化
基準」）を設け，基準以上となった地方公共団体には「財政健全化計画」（公営
企業では「経営健全化計画」）の策定を義務づけて自主的な改善努力を促すこ
ととした。

健全化法の骨格を形成しているのは，統一的な指標の整備とその根拠とな
る財政情報の徹底した開示（ディスクロージャー）である。その目的は，直
接には個々の自治体財政の早期健全化や再生が必要かどうかを判断する客観
的な基準と根拠を示すことであるが，同時に，すべての自治体に対して財政

109

の健全度を確認し必要な取組みを促すことにある。

この後段の目的において，健全化法の仕組みはほぼ並行して進められてきた新地方公会計の整備と軌を一にしている。

❸ 健全化法の指標

健全化法には，地方財政全般の健全度を判断する健全化判断比率とよばれる4指標（実質赤字比率，連結実質赤字比率，実質公債費比率および将来負担比率）と，個々の公営企業の経営健全度を判断する資金不足比率の1指標がある。その概要は以下のとおりである（図表3-6）。

■ **図表3-6　健全化判断比率等の内容**

指標	対象	定義	算式
実質赤字比率	一般会計等	一般会計等の実質赤字額の標準財政規模に対する割合で，その年度の資金不足の程度を表す。	実質赤字比率(%) ＝ 一般会計等の実質赤字額 ÷ 標準財政規模 × 100
連結実質赤字比率	全会計	地方公営企業会計を含む全会計の実質赤字額及び資金の不足額の標準財政規模に対する比率。地方公共団体全体としての赤字の程度を表す。	連結実質赤字比率(%) ＝ 連結実質赤字額 ÷ 標準財政規模 × 100
実質公債費比率	一般会計等（間接的に特別会計・一部事務組合に係る負担を含む）	一般会計等の地方債元利償還金や，特別会計・一部事務組合の地方債元利償還に係る繰出金・負担金など，市が負担すべき実質的な公債費総額の標準財政規模を基本とした額に対する比率。	実質公債費比率(%) ＝ 一般会計等が負担すべき実質的な公債費総額 ÷ 標準財政規模を基本とした額 × 100
将来負担比率	全会計＋関連団体の負債の一部	地方公社や損失補償を行っている出資法人等に係るものも含め，一般会計等が将来負担すべき実質的な負債の標準財政規模を基本とした額に対する比率。	将来負担比率(%) ＝ 一般会計等が将来負担すべき実質的な負債の額 ÷ 標準財政規模を基本とした額 × 100
資金不足比率	各地方公営企業会計	地方公営企業会計ごとの資金の不足額の各事業の規模に対する比率。公営企業の経営状態の悪化の度合いを示す。	資金不足比率(%) ＝ 資金の不足額 ÷ 事業の規模 × 100

出所：「地方公共団体の財政の健全化に関する法律施行令」等に基づき筆者作成。

110

このうち，連結実質赤字比率はその対象として地方公営企業会計を含む全会計をカバーする点に特色がある。また，実質公債費比率は間接的に特別会計・一部事務組合にかかる負担額を含む点が特徴である。ただし，実質赤字比率，連結実質赤字比率，実質公債費比率の3指標はいずれもフローのみの比率であり，従来からの財政指標の延長線上にあるものである。

これに対して，将来負担比率は分子が実質的な負債の額であり，ストックの値を指標に取り入れている。また，その対象範囲も全会計プラス関連団体の負債の一部となっている。その意味で，地方公社や第三セクターも含めた中長期的な財政運営の健全化を図るという観点およびフローのみならずストック面からも財政の健全度を確認するという観点から，最も革新的な指標であるといえよう。

また，資金不足比率は，企業会計方式（地方公営企業会計）を採用する法適用の公営企業と，官庁会計方式の法非適用の公営企業を包摂した指標であるため，両者に共通する資金不足額という概念を用いている点に特徴がある。

これらの指標は，その発想において発生主義の考え方，連結会計の考え方等の企業会計的な思考も導入している。とはいえ，指標の第1の目的が個々の自治体財政の健全度の判定にあるため，厳密さと衡平性を必要とし，計算式は相当細密なものとなっている。

その意味では，同時進行してきた新地方公会計の整備により，よりわかりやすく身近で多角的な財務指標を開発し提供することが，住民等による地方財政の議論の質を向上させ，すべての地方公共団体による財政健全化の取組みを進めるための重要なステップであるといえよう。

（2）統一基準等の整備による健全化判断比率等への影響

健全化法の指標が制定されてから約5年後に地方公営企業会計の基準が見直され，その約2年後には新地方公会計統一基準が作成された。

法適用の地方公営企業会計を除き，健全化法の指標は基本的に従来の官庁会計方式の決算に基づいて計算される仕組みになっており，統一基準による

財務書類作成の開始が指標に影響を及ぼすことはない。

　一方，法適用の地方公営企業会計については，健全化法の指標の計算式に公営企業の財務諸表から得られる数値，具体的には流動負債と流動資産の金額が用いられている。このため，その後の地方公営企業会計の会計基準変更は健全化法の指標の計算式に影響を与えることとなった。

　たとえば，建設改良等のための企業債・他会計借入金のうち翌年度償還予定分は，会計基準の変更により資本の部の借入資本金から流動負債の部に計上変更された。ところが，資金不足比率の分子になる資金不足額という数値は流動負債の増加または流動資産の減少によって増加する。このため，このケースでは，単に会計基準が変更されたことにより資金不足額が増加し，資金不足比率が上昇（悪化）する可能性がある。また，この資金不足額は公営企業ごとの資金不足比率の算定に用いるほか，全会計の連結実質赤字額の算定にも用いられ，さらには将来負担比率にも影響する。

　そこで，総務省はこれまでの経緯を踏まえ，会計基準の見直しが直ちに財政健全化法の指標に影響をもたらすことは適切ではないとして，算定式の一部を手直しした。具体的には，上記の流動負債に計上された建設改良等のための企業債・他会計借入金（翌年度償還予定分）については，財務諸表上の表示の問題であり実態は変わらないとして，資金不足額の計算において流動負債から除外することとした。なお，その他にも会計基準変更により新たに流動負債に計上された賞与引当金など，同様の影響を及ぼす可能性のあるケースはあったが，それらは実態を反映した変更であるとして，一部について算入猶予の経過措置が講じられたにとどまり，特段の措置はとられなかった。

（3）財政分析への新地方公会計の活用

❶ 健全化法における指標の意義

　前述のとおり，健全化法の指標は，その発想において発生主義の考え方，

連結会計の考え方等の企業会計的な思考も導入しているが，あくまで現行の地方財政法制の枠組みのなかでの指標であり，現金主義の決算，建設公債主義[6]のもとでの統制を基本として組み立てられている。また，個々の自治体をスクリーニングする指標としての性格から，その算出基礎は厳密さと衡平性を必要とし，計算式は相当細密なものとなっており，第三者には馴染みにくいのも事実である。

　一方で，健全化法は，指標の根拠となる財政情報については徹底した開示（ディスクロージャー）を行うことを求めており，それは総務省による財政状況資料集の整備をはじめとした地方財政の全面的な「見える化」政策として進行している。

　つまり，健全化法における指標の意義は，それが直接果たす役割のみならず，その指標開発をきっかけとして財政情報の全面的な開示の動きが強まり，政府や各地方公共団体において財政情報の整備，財務書類や固定資産台帳の開示，さらには公共施設等の管理情報等の公開にまで広がりをみせていることにある。

　総務省による財政状況資料集，各地方公共団体における統一基準による財務書類や固定資産台帳等の開示等において，情報の量や質，分析手法等の改善，創意工夫が一段と進み，今後の地方財政ディスクロージャーとそれに基づく関係者の建設的議論が一層充実することが期待される。

❷ 財政分析の現状と課題

　健全化法は平成19年の制定であり，その時点では各地方公共団体に複式簿記発生主義に基づく統一基準による財務書類を導入することは議論の途中であった。また，そもそも法律に定める指標に，法定されていない財務書類の数値から導かれる指標を充てることには困難が伴う。

---

[6]　建設公債主義：公債の発行を建設目的等に限定することにより財政の健全性を維持しようとする考え方。地方財政法第5条は，地方債を財源とできる地方公共団体の歳出項目を，公共施設または公用施設の建設事業費，公営企業に要する経費等に制限している。

このため，同法において設定された財政健全度の判断指標には，ストックの指標や連結の概念は持ち込まれたものの，それらは依然として従来の現金主義会計に基づく決算数値，附属明細あるいは統計情報を用いた指標となっている。

したがって，健全化法の指標の提示だけでは，①住民等に対するわかりやすい説明，②財政運営の結果の多角的な分析，③地方公社や第三セクターの状況も含めた総合的な開示と分析，といった財政のディスクロージャーの徹底や，それに基づくより深くまた身近な分析等の課題には十分には対応できない。これらの課題に対応するには，統一基準等による財務書類を活用して以下のような取組みを行う必要がある。

①フロー指標として，収支赤字額，公債費のみでなく，非現金コストを含むコスト全般を加え，その比率等を用いた分析を行う。

②ストック指標として，一部の負債額のみでなく，資産額・負債額をそれぞれ流動・固定等に細分化し，その関係性を含めた分析を行う。

③資産や負債等のストック指標と収益や費用等のフロー指標との相互関係に着目して分析を行う。

④指標のもととなる数値の算出プロセスをトレースできるよう必要なデータを注記等で必ず開示する。

❸ 今後の財政分析のあり方

統一基準の策定により，地方公共団体の財政分析には発生主義会計による財務書類4表（財務諸表）という強力な手段が加わった。財務諸表を用いた分析手法については民間企業を対象とした長い経験の蓄積がある。それらの知見を最大限利用しつつ地方公共団体固有の目的や制度要因を加味して，健全化法の指標等の既存の財政指標では把握しにくかった財政状況を明らかにする新たな財務指標を開発し活用していくべきである。

また，地方公営企業会計を採用している公営企業にあっては，これまでも財務諸表による経営分析を行ってきたわけだが，新たな会計基準の下ではよ

第3章
地方行政における新地方公会計の役割と活用

り精度の高い分析が可能と思われるので，これまで以上に戦略的な経営分析手法を開発し活用していくべきである。

　いずれにしても会計情報は単独では判断指標として十分ではないのであって，ましてや地方公共団体のような大規模で複雑な会計主体の財政状況を理解するには異なる視点に立脚して多面的に分析し，また同じ視点に立っても異なる指標を突き合わせる等の工夫が必要になる。

　地方財政の目的と照らし合わせて，財務的な分析の視点を挙げてみると，公共資産の形成度，財政負担の世代間公平性，財政の持続可能性，財政運営の効率性，財政の弾力性，財政の自律性等がある。それらの視点ごとに活用を期待できる主な財政指標を，財務書類に基づく指標と健全化法の指標等に区分して示すと以下のとおりである（図表 3-7）。

■ 図表 3-7　財政分析の視点と主な財政指標

分析の視点	財務書類に基づく指標	健全化法の指標および従来の財政指標
資産形成度（将来世代に残る資産はどれくらいあるか）	• 住民1人当たり資産額 • 歳入額対資産比率 • 有形固定資産減価償却率	
世代間公平性（将来世代と現世代との負担の分担は適切か）	• 純資産比率 • 社会資本等形成の世代間負担比率	
持続可能性（財政に持続可能性があるか）	• 住民1人当たり負債額 • 基礎的財政収支 • 債務償還可能年数	• 実質赤字比率 • 連結実質赤字比率 • 実質公債費比率 • 将来負担比率
効率性（行政サービスは効率的に提供されているか）	• 住民1人当たり行政コスト • 住民1人当たり行政目的別行政コスト	
弾力性（資産形成を行う余裕はどのくらいあるか）	• 行政コスト対税収等比率	• 経常収支比率 • 実質公債費比率
自律性（歳入はどれくらい税金等で賄われているか）	• 受益者負担の割合	• 財政力指数

出所：総務省（2016）「財務書類等活用の手引き」（「統一的な基準による地方公会計マニュアル（平成28年5月改訂）」）p.9 をもとに筆者作成。

115

■ 図表 3-8　財務書類から作成される主な財政指標の概要

財政指標	使用する 財務書類等	計算式
住民1人当たり資産額	貸借対照表	住民1人当たり資産額 ＝（BS）資産合計 ÷ 住民基本台帳人口
歳入額対資産比率	貸借対照表 資金収支計算書	歳入額対資産比率（％） ＝（BS）資産合計 ÷（（CF）業務収入＋（CF）臨時収入＋（CF）投資活動収入＋（CF）財務活動収入＋（CF）前年度末資金残高）
有形固定資産減価償却率	貸借対照表	有形固定資産減価償却率（％） ＝（BS）減価償却累計額 ÷（（BS）償却資産評価額＋（BS）減価償却累計額）×100
純資産比率	貸借対照表	純資産比率（％） ＝（BS）純資産合計 ÷（BS）資産合計 × 100
社会資本等形成の世代間負担比率	貸借対照表	社会資本等形成の世代間負担比率（％） ＝（BS）地方債等（1年内償還予定地方債等を含む）÷（BS）有形固定資産合計 × 100
住民1人当たり負債額	貸借対照表	住民1人当たり負債額 ＝（BS）負債合計 ÷ 住民基本台帳人口
債務償還可能年数	資金収支計算書 注記（※1） その他（※2）	債務償還可能年数 ＝（将来負担額（※1）－ 充当可能基金残高（※1））÷（（CF）業務収入 ＋ 減収補てん債特例分発行額（※2）＋ 臨時財政対策債発行可能額（※2）－（CF）業務支出）
地方債等償還可能年数	貸借対照表 資金収支計算書	地方債等償還可能年数 ＝（BS）地方債等（1年内償還予定地方債等を含む）÷（（CF）業務収入 －（CF）業務支出）
住民1人当たり行政コスト	行政コスト計算書	住民1人当たり行政コスト ＝（PL）純経常行政コスト ÷ 住民基本台帳人口
住民1人当たり行政目的別行政コスト	附属明細書	住民1人当たり行政目的別行政コスト ＝（附属明細書）行政目的別（生活インフラ・国土保全，福祉，教育等）純経常行政コスト ÷ 住民基本台帳人口
行政コスト対税収等比率	行政コスト計算書 資金収支計算書	行政コスト対税収等比率（％） ＝（PL）純行政コスト ÷（NW）財源
受益者負担の割合	行政コスト計算書	受益者負担の割合（％） ＝（PL）経常収益 ÷（PL）経常費用 × 100

出所：総務省（2016）「財務書類等活用の手引き」（「統一的な基準による地方公会計マニュアル（平成28年5月改訂）」），総務省自治財政局財務調査課・地方公共団体金融機構（2016）「地方公会計の活用のあり方に関する研究会報告書」（平成28年10月）をもとに筆者作成。

第3章
地方行政における新地方公会計の役割と活用

　図表3-7をみると，分析の視点によって，財務書類に基づく指標と健全化法の指標等に偏りがあるのがわかる。たとえば，公共資産の形成度，財政負担の世代間公平性および財政運営の効率性については，健全化法の指標等にはそれを測る適切な指標が見当たらない。それらの視点に立った分析こそが財務書類に基づく指標が担うべき役割となる。

　一方，財政の持続可能性，財政の弾力性，財政の自律性については，健全化法の指標および従来の財政指標が相当精緻な分析を可能としてきている。ただし，それらの視点においても財務書類に基づく指標はコストやストックといった概念を用いることにより新たな見方を提供できる。

　ここに示した財務書類に基づく指標について，その概要を示すと図表3-8のとおりである。

　先ほども述べたとおり，会計情報は単独では判断指標として限界があり，そこから算出される財政指標もまた同様である。したがって，財政指標を適切に組み合わせて分析することも効果がある。たとえば，有形固定資産減価償却率と将来負担比率を組み合わせることによって，老朽化対策の先送りという選択が将来負担を過重なものとしていないかといった，より総合的な捉え方をすることができる。

　必要な公共施設等の更新を実施せずに投資的経費を単純に抑制すれば，将来負担比率は改善（低下）するが，有形固定資産減価償却率は悪化（上昇）するため，老朽化対策の先送りという将来負担が潜在している可能性が判明することになる。

117

4. 行政評価との連携

（1）行政評価との連携の趣旨[7]

　統一基準の導入により，行政コスト計算書では減価償却費や退職手当引当金等も含めたフルコストで示されるため，フルコスト情報に基づいた事業別・施設別の行政コスト計算書等を作成することにより，より精緻な行政評価との連携が可能となる。加えて，2.（2）❸の吹田市の事例でみたように，行政評価の結果を予算編成につなげることが肝要である。

　また，統一基準による財務情報を通じた行政評価の実施は，「施設の統廃合，受益者負担の適正化，民間委託など」に各地方公共団体で行う重要な意思決定であり，議会での議論，地方債への投資家への情報提供も重要である。このため，行政評価を行う際，初期段階ではターゲットとなる事務・事業を絞って非財務情報，業績（行政評価）情報を含んだ数年間分のデータを蓄積することとなる。

（2）行政評価との連携の具体的事例

❶ セグメント分析による図書館の行政評価等（静岡県浜松市）

　施設別の行政コスト計算書等による行政評価結果を活用して，具体的な予算編成を実施した（図表3-9）。

〈 具体的取組み 〉

　施設別の行政コスト計算書等から，設定指標単位当たりのコストの増減，利用者数の増減を分析するとともに，指定管理者制度に移行した場合の行政

---

[7] 前掲注3

第3章 地方行政における新地方公会計の役割と活用

■ **図表3-9 セグメント分析の事例**

☆**はまゆう図書館の概要**

所在地	浜松市大人見町1750-3
蔵　書	67,934冊
その他	視聴覚資料CD：8,000点，ビデオ・DVD：4,000点 駐車台数：100台，インターネット設置

バランスシート（貸借対照表） （単位：千円）

資産		1,352,947	負債		1,028,800
有形固定資産		1,352,947	固定負債		1,028,800
	土地	527,730		地方債	1,003,000
	建物等	824,002		退職手当引当金	25,800
	その他	1,215	流動負債		0
			純資産		324,147
流動資産		0	国（県）支出金		0
			一般財源		324,147
			その他財源		0

行政コスト計算書 （単位：千円）

項目		金額	構成比
人にかかるコスト		44,917	37.1%
	人件費	41,783	34.5%
	退職手当引当金繰入額	3,134	2.6%
物にかかるコスト		63,830	52.8%
	物件費	38,843	32.1%
	維持補修費	0	0.0%
	減価償却費	24,987	20.7%
その他のコスト		12,198	10.1%
	公債費利子	12,198	10.1%
	その他	0	0.0%
合計		120,945	100.0%
内訳	貸出サービス	84,662	70.0%
	施設サービス	12,095	10.0%
	講座サービス	24,188	20.0%

利用状況等

図書貸出サービス業務		
	貸出利用者数（人）	100,657
	貸出冊数（冊）	344,561
施設サービス業務		
	施設利用回数（回）	12,122
講座サービス業務		
	講座受講者数（人）	3,155

評価指標

★貸出利用者1人当たりコスト

貸出サービスコスト（千円）	84,662
貸出利用者数（人）	100,657
1人当たりコスト（円）	841

★貸出1冊当たりコスト

貸出サービスコスト（千円）	84,662
貸出冊数（冊）	344,561
1冊当たりコスト（円）	246

★施設サービス利用1回当たりコスト

施設サービスコスト（千円）	12,095
施設利用回数（回）	12,122
1回当たりコスト（円）	998

★講座サービス受講者1人当たりコスト

講座サービスコスト（千円）	24,188
講座受講者数（人）	3,155
1人当たりコスト（円）	7,667

行政コスト内訳

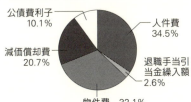

出所：浜松市ホームページ〈https://www.city.hamamatsu.shizuoka.jp/zaisek/koukaikei/documents/7_5.pdf〉。

119

コスト計算書等を作成して，直営の場合との差異を比較検討。

〈 **期待される効果等** 〉

　施設別の行政コスト計算書等の作成・分析結果を行政評価に活用するとともに，当該評価結果を予算編成に活用することによって，コスト削減と市民サービス向上の両立を図ることが期待される。なお，事例では，予算編成に当たり，現行の直営による場合と，指定管理者制度に移行した場合の施設運営に関する「行政コスト計算書等」を作成・比較検討することにより，図書館のアウトソーシング化（指定管理者制度への移行）に至った案件が紹介されている。

❷ 平成28年度IR説明会資料（静岡県浜松市）

　市場公募地方債の安定消化（民間等資金の円滑な調達）に向け，投資家等の市場関係者に対して，IR資料として財務書類を活用し当該自治体の財政状況の理解を促進する（図表3-10）。

〈 **具体的取組み** 〉

　市場公募地方債発行・同IR説明会で，投資家等の市場関係者に馴染みがあって理解されやすい財務書類等を地方債IR説明会の資料として活用する。

〈 **期待される効果等** 〉

　既存の予算・決算情報，健全化判断比率等に加えて，財務書類等を地方債IR資料として活用することで，より多角的な財政状況の説明が期待できる。

> ### 第3章
> 地方行政における新地方公会計の役割と活用

■ 図表 3-10　IR 資料としての財政状態開示

普通会計決算の状況～バランスシート（貸借対照表）～

【普通会計】資産に対する負債：純資産の割合＝2：8（基準モデル）

平成28年3月31日現在

資産　1兆9,901億円		負債　3,240億円	
債務返済の財源等		将来の世代の負担となる債務	
1　金融資産	1,068億円	1　地方債	2,822億円
（1）資金	124億円	2　未払金・未払費用	10億円
（2）債権・有価証券	92億円	3　退職給付引当金	368億円
（3）投資等	853億円	4　その他	41億円
将来の世代に引継ぐ社会資本		純資産　1兆6,661億円	
2　公共資産	1兆8,833億円	これまでの世代の負担	
（1）事業用資産		1　財源	292億円
①建物など	2,470億円	2　資産形成充当財源	1,191億円
②土地	4,254億円	3　その他の純資産	1兆5,178億円
（2）インフラ資産			
①建物など	2,447億円		
②土地	9,662億円		

※他都市平均との比較
- 市民一人あたり資産額は平均的で，市民一人あたり負債額は少ない
- 将来世代負担率は低く，純資産比率は高い

⇒行財政改革の推進や中期財政計画への取り組みによる

①市民一人あたり資産額

項目	26年度	27年度	26→27増減	26他都市平均
人口（人）	808,959	807,898	△1,061	—
資産（億円）	19,964	19,901	△63	—
市民一人あたりの資産（万円）	247	246	△1	245

②市民一人あたり負債額

項目	26年度	27年度	26→27増減	26他都市平均
人口（人）	808,959	807,898	△1,061	—
負債（億円）	3,299	3,240	△59	—
市民一人あたりの負債（万円）	41	40	△1	77

③将来世代負担比率の推移

項目	26年度	27年度	26→27増減	26他都市平均
公共資産＋投資等　　A（億円）	19,442	19,347	△95	—
地方債残高＋未払金　B（億円）	1,699	1,661	△38	—
将来負担比率　B／A	8.7%	8.6%	△0.1%	21.0%

④純資産比率の推移

項目	26年度	27年度	26→27増減	26他都市平均
資産　　A（億円）	19,941	19,964	23	—
純資産　B（億円）	16,573	16,665	92	—
純資産比率　B／A	83.1%	83.5%	0.4%	67.2%

※26他都市平均は基準モデルに基づき普通会計財務書類を作成している

政令指定都市の単純平均（川崎市，新潟市，堺市，広島市）

出所：浜松市ホームページ〈http://www.city.hamamatsu.shizuoka.jp/zaisek/kakuduke/documents/20161208_kobetsuir.pdf〉。

5. 公共施設管理への活用

（1）これまでの公共投資の推移

　産業や社会生活の基盤となる施設をインフラまたは社会資本という。道路，港湾，鉄道，ダム，上水道，下水道，電気，ガス，通信などがそれである。それ以外にも住民の福祉の向上や地域経済の発展に必要な施設には，学校，病院，工業用地，公営住宅，公園などがあり，それらは生活関連の社会資本などとよばれている。

　それら広義の社会資本のうち，国や地方公共団体が整備する役割を負っている施設を公共施設といい，それを整備する事業を公共事業，その整備のための財政支出を公共投資という。

　わが国の公共投資は，1960-1970年代にかけて高度成長経済への対応，地域間の均衡ある発展，居住環境の整備等の課題を掲げ，先進国の水準に追いつくべく極めて高い伸び率で推移した。この間の公共投資は国民経済の発展や福祉の向上に大きく貢献した。

　しかし，1980年代の低成長経済の時代に入りインフラ等の社会資本が一定の水準に達した後も，経常収支黒字継続を背景に公共投資は高水準を維持したため，公共事業には次第に無駄が目立つようになった。さらに，1990年代に入ると，バブル崩壊後の景気対策の切り札として公共投資が増額されたものの総花的で効果に乏しく，未曾有の財政赤字をもたらす結果となった。

　これを受けて，2001年に誕生した小泉政権は政策として聖域なき構造改革を掲げ，それまで先進諸国の2倍以上の水準で高止まりしていた公共投資の対GDP（国内総生産）比率を先進諸国並みに下げるべく公共投資の大幅な圧縮に踏み切った。この結果，近年ではわが国の公共投資の対GDP比率は，OECD（経済協力開発機構）加盟国と同等の水準まで低下している。

　一方で，公共投資削減の影響により，老朽化した公共施設の更新投資や耐

第3章
地方行政における新地方公会計の役割と活用

震等の災害対策強化が停滞していることが新たな課題として浮かび上がってきた。また，厳しい財政状況の下で公共施設の整備を進めるに当たり，すでにある公共施設の有効活用を図ることがすべての議論の前提となってきている。

（2）インフラ老朽化対策等の取組み

インフラの老朽化や耐震等の対策は，人口減少社会への移行，災害リスクの増大，今後見込まれる公共施設等の利用需要の変化等の環境変化を見据えると，厳しい財政状況の下であっても，国と地方を問わず進めていかざるを得ない。

国においては，2012年に起きた高速道路施設の管理不備を原因とする重大事故をきっかけとして，内閣官房および国土交通省が中心となってインフラ長寿命化基本計画を取りまとめた。インフラ長寿命化基本計画は，国と地方を通じて個別の公共施設において計画的な点検や修繕等の取組みを推進するための基本的な考え方と総合的な体系を定めた計画である。

インフラ長寿命化基本計画の基本的な考え方には，インフラ機能の確実かつ効率的な確保として安全・安心の確保とともに中長期的視点に立ったコスト管理の確保がうたわれた。そこには，民間企業で培われたファシリティマネジメント等の管理運営手法が援用され，キーワードとして，予防保全型維持管理[8]，トータルコスト[9]縮減，インフラの長寿命化，施設の役割や機能の再確認，施設の必要性自体の再検討，戦略的な取組み（施設の質的向上，機能転換，用途変更，複合化・集約化，廃止・撤去など）などが書き込まれている。

インフラ長寿命化計画の体系としては，基本計画のもとにインフラ長寿命

---

[8] 損傷が軽微である早期段階に予防的な修繕等を実施することで，機能の保持・回復を図る管理手法をいう。
[9] 中長期にわたる一定期間に要する公共施設等の建設，維持管理，更新等にかかる経費の合計をいう。

123

化計画（行動計画）があり，それは各省庁および各地方公共団体がそれぞれの所管するインフラについて策定する。さらに行動計画のもとに個別施設ごとの長寿命化計画（個別施設計画）が設けられる。

なお，後述（3）の地方公共団体による公共施設等総合管理計画は，国の体系ではインフラ長寿命化計画（行動計画）に相当するものである。

また，国は2013年には国土強靱化基本法を制定した。これは，東日本大震災の教訓を踏まえ，今後も予想される大規模自然災害を念頭に，人命の保護，国民の財産および公共施設の被害の最小化等を図るため，ハード施策，ソフト施策を組み合わせた計画的な防災・減災の取組みを促進する体制を整備しようとするものである。

インフラ老朽化対策等をめぐる国の動きをまとめると図表3-11のとおりである。

一方，地方公共団体のインフラ老朽化対策等の取組みとしては，先進的な自治体が独自に行ってきたほか，財団法人自治総合センターおよび総務省による「公共施設及びインフラ資産の更新にかかる費用を簡便に推計する方法（試算ソフト）」の提供（2011年）や，国土交通省による公的不動産（PRE）の有効活用を図るための情報提供などの取組みがある。後者は，地方公共団体等が保有する各種の不動産を公的不動産（Public Real Estate；PRE）とネーミングし，民間の不動産経営手法を応用してその活用や利用形態の見直しを

■ 図表3-11　インフラ老朽化対策等をめぐる国の動き

2011年 3月	東日本大震災
2012年12月	中央自動車道笹子トンネル天井板落下事故
2013年 6月	日本再興戦略（閣議決定） 「インフラ長寿命化基本計画」の秋頃までの策定を位置付け
2013年11月	インフラ老朽化対策の推進に関する関係省庁連絡会議が「インフラ長寿命化基本計画」を決定
2013年12月	国土強靱化基本法制定
2014年 4月	総務省が各地方公共団体に「公共施設等総合管理計画」の策定を要請

出所：筆者作成。

戦略的に進める方法を紹介するもので，2009年には「PRE戦略を実践するための手引書」を公表，2016年には「公的不動産（PRE）ポータルサイト」の運営を開始した。

その後2014年4月，総務省は各地方公共団体に対し，国が策定したインフラ長寿命化基本計画に基づき，2016年度までに公共施設等の総合的かつ計画的な管理を推進するための計画（公共施設等総合管理計画）の策定を行うことを要請した[10]。

（3）公共施設等総合管理計画の概要

地方公共団体においても，過去に建設された公共施設等がこれから大量に更新時期を迎えるなかで，公共施設等の全体を把握し，長期的視点をもって更新・統廃合・長寿命化などを計画的に行い，老朽化対策を推進するとともにその最適配置を実現し，時代に即したまちづくりを行っていく必要がある。そのため，公共施設等総合管理計画は，公共施設等全体の将来の更新費用や利用状況等を把握・分析し，財政収支の見通し等を踏まえて策定される。

その概要は以下のとおりである。

❶ 公共施設等総合管理計画の位置づけ

地方公共団体が策定する公共施設等総合管理計画は，国が示したインフラ長寿命化計画の体系のうち，インフラ長寿命化計画（行動計画）に該当するもので，当該団体の将来の人口や財政の見通し等をもとに長期的な視点に基づき検討するものである。

同時に，公共施設等総合管理計画は，インフラ長寿命化計画の体系においてその下位に位置する個別施設ごとの長寿命化計画（個別施設計画）に対して基本的な方針を示すという役割を担っている。

---

[10] 総務省（2014）「公共施設等総合管理計画の策定にあたっての指針の策定について」（平成26年4月22日付）。

❷ 対象となる施設

　公共施設等総合管理計画の対象となる公共施設等とは，本来の公共施設の
ほか，公用施設その他の当該地方公共団体が所有する建築物その他の工作物
を含む。具体的には，いわゆるハコモノの他，道路・橋りょう等の土木構造
物，公営企業の施設（上水道，下水道等），プラント系施設（廃棄物処理場，
斎場，浄水場，汚水処理場等）等も含む包括的な概念である。

　このように，公共施設等総合管理計画は，長期的視点をもって公共施設等
の最適な配置を計画的に実現しようとするものであるため，公共施設等の全
体を把握する必要があるとされる。

❸ 計画期間

　公共施設等総合管理計画は，将来的な人口変動等を見込んで公共施設等の
管理に関する方針を検討するため，長期の計画期間で策定することが重要で
ある。一方で，公共施設等総合管理計画により 10 年以上の長期を見通した
大方針を定めたうえで，より短い期間で見直しを行うことを定めることや，
具体的な実施方針や中短期の目標を定めるため下位の実施計画を策定するこ
とも考えられる。

❹ その他の主要記載事項

　「一 公共施設等の現況及び将来の見通し」においては，公共施設等および
当該団体を取り巻く現状や将来にわたる見通し・課題を客観的に把握・分析
する。

　「二 公共施設等の総合的かつ計画的な管理に関する基本的な方針」では，
「一 公共施設等の現況及び将来の見通し」を踏まえ，公共施設等の総合的か
つ計画的な管理に関する基本的な方針として（1)～(5）を定める。

　（1）計画期間（10 年以上）

　（2）全庁的な取組体制の構築及び情報管理・共有方策

（3）現状や課題に関する基本認識

（4）公共施設等の管理に関する基本的な考え方

（5）フォローアップの実施方針

「三 施設類型ごとの管理に関する基本的な方針」では，施設類型（道路，学校等）ごとに，その特性を踏まえ，管理に関する基本的な方針を記載する（「二」と同様）。

基本的な方針のうち（4）「公共施設等の管理に関する基本的な考え方」では，計画期間における公共施設等の数や延べ床面積等の公共施設等の数量に関する目標を記載するとともに，以下の事項について，管理に関する考え方を記載する。

①点検・診断等の実施方針

②維持管理・修繕・更新等の実施方針

③安全確保の実施方針

④耐震化の実施方針

⑤長寿命化の実施方針

⑥統合や廃止の推進方針

⑦総合的かつ計画的な管理を実現するための体制の構築方針

（4）個別施設計画の概要

❶ 個別施設計画の位置づけ

地方公共団体が策定する個別施設ごとの長寿命化計画（個別施設計画）は，インフラ長寿命化計画の体系において公共施設等総合管理計画の下位に位置する個別施設ごとの計画である。

個別施設計画においては，各施設の特性やこれまでの維持管理・更新等にかかる取組み状況等を踏まえて，戦略的な維持管理・更新等を推進するための方針が定められる。

なお，インフラ長寿命化基本計画は，国が地方公共団体等の各インフラ管

理者に対し，その有する技術的知見やノウハウを提供することを定めており，地方公共団体が個別施設計画を策定する際には，各インフラの所管省庁より技術的助言等が実施されることになる。

❷ 対象施設

インフラ長寿命化計画の行動計画において，個別施設計画を策定することとした施設を対象とする。その際，個別施設のメンテナンスサイクルを計画的に実行するうえで最も効率的・効果的と考えられる計画策定の単位（道路・下水道等の事業ごと，橋りょう・トンネル・管路等の構造物ごと等）を設定のうえ，その単位ごとに計画を策定する。

❸ 計画期間

インフラの状態は，経年劣化や疲労等によって時々刻々と変化することから，定期点検サイクル等を考慮のうえ計画期間を設定し，点検結果等を踏まえ，適宜，計画を更新するものとする。知見やノウハウの蓄積を進め，計画期間の長期化と維持管理・更新等にかかるコストの見通しの精度向上を図る。

❹ その他の主要記載事項

①対策の優先順位の考え方

　　個別施設の状態（劣化・損傷の状況や要因等），当該施設が果たしている役割，機能，利用状況，重要性等に基づく優先順位の考え方を明確化する。

②個別施設の状態等

　　点検・診断によって得られた個別施設の状態について，施設ごとに整理する。なお，点検・診断を未実施の施設については，点検実施時期を明記する。

③対策内容と実施時期

　　次回の点検・診断や修繕・更新，更新の機会を捉えた機能転換・用途

変更，複合化・集約化，廃止・撤去，耐震化等の必要な対策について，講ずる措置の内容や実施時期を施設ごとに整理する。

④対策費用

計画期間内に要する対策費用の概算を整理する。

（5）公共施設管理への新地方公会計の活用

公共施設等総合管理計画および各個別施設計画に基づいて，公共施設等のマネジメントをより効果的に推進するためには，以下のような地方公会計の活用が必要となる。

❶ 固定資産台帳の活用

統一基準により整備された固定資産台帳により，公共施設等の取得年月日，取得価額，耐用年数といったデータを活用できる。たとえば，固定資産台帳のデータを活用して，公共施設等の維持管理・修繕・更新等にかかる中長期的な経費の見込みを算出し，当該推計結果等を公共施設等総合管理計画および各個別施設計画に盛り込むことで，計画全体の充実・精緻化につなげることが可能となる。

保有する資産を管理するうえで，現金の動きが資産の残高や異動を捕捉しきれないことは現金主義会計の弱点であり，それを補完するものとして，固定資産台帳への期待は高い。

❷ 施設別のセグメント分析の実施

当該地方公共団体が統一基準から展開して施設別の行政コスト計算書等を作成していれば，個別具体的な施設別のコスト情報を提供できる。それを活用したセグメント分析を実施することで，公共施設等総合管理計画および各個別施設計画を踏まえた個別具体的な施設の統廃合等の議論（各論）につなげることができる。

❸ ストック情報を用いた財政指標の活用

　貸借対照表や固定資産台帳に集約されているストックに関する情報を，公共施設等全体や施設類型ごとの財政指標（「有形固定資産減価償却率（図表3-8参照）」等）にまとめ，財政分析を実施することで公共施設等総合管理計画の立案や見直し等に役立たせることができる。また，それら財政情報の全面的「見える化」により，住民や議会等の関係者の理解を深め，彼らを巻き込んだ総意の形成を図りやすくする。同時に，それらの財政指標を地方公共団体間で比較することにより，当該地方公共団体の公共施設等総合管理計画に，より客観的な視点を提供できる。

❹ 固定資産台帳における資産情報の公表と有効活用

　整備した固定資産台帳において，資産の用途や売却可能区分も併せて公表することにより，民間事業者を含めて広く地域において公的資産の状況を網羅的に共有できる。そのことにより，民間事業者等とも連携を図りつつ，公共施設等総合管理計画および各個別施設計画において未利用資産等の活用を進めるための検討が可能となる。なお，公的資産の活用に関しては，前述のとおり国土交通省の取組みが進んでいることから，同省の「公的不動産（PRE）ポータルサイト」等を最大限参考として検討すべきである。

6. 公営企業経営への活用

（1）公営企業経営の現状と課題

　公営企業は料金収入をもって経営を行う独立採算制を基本原則とするが，料金収入額の推移をみると，全事業合計では10年間に約6％減少している。事業別では，病院事業が約4％，水道事業が約7％それぞれ減少する一方，

下水道事業では約8％，交通事業では約4％の増加となっている。なお，その他の事業では2009年度に急減がみられるが，これは宅地造成事業等の見直しで新規事業が抑制された影響によるところが大きい。

このうち，水道事業の収入減は主として需要水量の減少に伴うものであり，下水道事業においても現状では普及率の上昇に伴い増収傾向にあるものの，普及の進捗により，やがては水道事業と同様の状況になることが想定される。

このような人口減少等に伴う料金収入の減少に加えて，少子高齢化による交通需要・医療需要の変化，施設等の老朽化に伴う更新需要の増大，耐震化はじめ災害対応の強化，大量退職等に伴う職員数の減少，制度改革に伴う影響（電気事業の小売・発電の全面自由化，ガス事業の小売自由化等）など，公営企業を取り巻く経営環境は厳しさを増しつつある。

また，経費負担原則に基づき，繰出金を負担している一般会計についても，今後，社会保障関係経費などの増大が見込まれ，厳しい財政状況にある。国においても財政状況が厳しく，上・下水道事業等公営企業のハード整備を促進してきた公共事業費は大幅に縮減している。これらの財政的な制約要因も公営企業経営にとって避けられない現実となっている。

(2) 抜本的改革の検討の経緯

こうした状況のもと，総務省は，平成21（2009）年7月に通知「公営企業の経営に当たっての留意事項について」を各地方公共団体に発出し，今後，各公営企業について，事業の意義（必要性等）や採算性を踏まえた抜本的改革を検討するように要請した。その背景には，同年4月に，地方公共団体の財政の健全化に関する法律（健全化法）が全面施行され，同時に，第三セクター等が抜本的改革に取り組むための資金手当としての起債制度（第三セクター等改革推進債）が平成25（2013）年度末という時限で創設されたことがある。

第三セクター等改革推進債とは，第三セクターや地方公社を整理または再生する場合に地方公共団体が負担する必要がある経費について，その全額を

10年以内程度の償還期限で起債できるという地方財政法上の特例措置で，その本来の対象は第三セクターや地方公社に関する経費であるが，公営企業を廃止する場合の必要経費も同様の趣旨であることから対象に加えられている。

こうして，公営企業についても，先行した第三セクターや地方公社に続く形で，経営の抜本的な改革の検討に道すじがつけられた。そこでは，現行の組織・運営形態での経営改革を基本としつつも，民営化，民間譲渡・委託，地方独法（地方独立行政法人）化，PFI・指定管理者制度導入等を行ったうえでの事業の継続や，廃止（事業の終了）も選択肢として示された。また，改革の中身として，計画性・透明性の高い企業経営を推進するために，経営の基本方針や収支見込み等を内容とする経営計画の策定が求められた。そして，この改革は平成21（2009）年度から平成25（2013）年度の5年間に集中的に推進するように要請がなされた。

その後予定の平成25（2013）年度末までに，公営企業改革は一定の成果を上げたが，一方で，この間も人口減少，施設老朽化等，公営企業を取り巻く経営環境は厳しさを増し，経営の健全化や事業運営の効率化の取組みは一段と強く求められる状況となっていた。

そこで，平成26（2014）年8月，総務省は再び通知「公営企業の経営に当たっての留意事項について」を各地方自治体に向けて発出し，改めて公営企業の経営における抜本的改革の必要性の高まりを訴えるとともに，計画的経営の推進のための取組みを要請した。

抜本的改革の必要性については，「現在公営企業が行っている事業そのものの意義，提供しているサービス自体の必要性について検証することが必要であり，その結果，事業に意義，必要性がないと判断された場合には，速やかに，廃止等を行うべきである」と，これまでより踏み込んで各事業の必要性の検証を求めた。そして，事業の継続，サービスの提供自体は必要と判断された場合であっても，収支や採算性，将来性の点から公営で行うべきかどうかの検討を行い，民営化や民間事業者への事業譲渡について検討する必要があるとした。

一方，計画的経営の推進については，これまで策定を要請していた経営計画という表現に代え，中長期的な経営の基本計画である経営戦略の策定を要請し，経営基盤強化と財政マネジメントの向上に取り組むことの必要を訴えた。その背景には，この間に地方公営企業会計の見直しが進み，損益・資産等の的確な把握が可能となったことがある。このため，地方公営企業法の適用による地方公営企業会計の導入の意義も強調され，特に，簡易水道・下水道では，基本的にすべての企業で法適化が必要との見解が示された。

　なお，抜本的な改革の検討と基本計画である経営戦略の策定の時期については，早期に行うよう要請がされているが具体的な期限の明示はない。一方，簡易水道・下水道事業の法適化については，平成27（2015）年度から平成31（2019）年度が集中取組期間として設定されている。

　続いて，平成29（2017）年3月，総務省は「公営企業の経営のあり方に関する研究会報告書」を取りまとめ，抜本的な改革の方向性および改革の進め方について，より深掘りした考え方を提示した。同報告書によれば，各公営企業は経営の効率化・健全化と将来にわたる安定的な経営の継続のため，①事業そのものの必要性および公営で行う必要性，②事業としての持続可能性，③経営形態（事業規模，範囲および担い手）の3つの視点から抜本的な改革の検討を行うことが必要であるとしている。そして，それらの視点からの検討を整理したうえで，各公営企業は，事業ごとの特性に応じて，事業廃止，民営化・民間譲渡，広域化等および民間活用という4つの方向性を基本として，抜本的な経営改革の検討を行う必要があるとした。ここで示された4つの方向性の細目と定義は以下のとおりである（図表3-12）。

■ 図表3-12　経営改革の4つの方向性（細目と定義）

事業廃止		事業を廃止（一部廃止を含む）すること。民営化・民間譲渡，広域化等および地方独立行政法人化など，他の法人等が事業を行うこととなる場合を除く。
民営化・民間譲渡		事務・事業を民間事業者（地方公共団体が出資する法人を含む）に譲渡し，または引き継がせること。
広域化等		一の地方自治体の区域を越えて連携し，事務の共同処理（事業統合，経営の一体化，管理の一体化，施設の共同化等）を行うこと。下水道事業における最適化の取組みや病院事業における再編・ネットワーク化の取組みを含む。
民間活用	指定管理者制度	地方自治法第244条の2に基づく公の施設の指定管理者制度を導入すること。
	包括的民間委託	性能発注・複数年契約により，複数業務を一括して民間事業者に委託すること。
	PPP・PFI	PFI法（民間資金等の活用による公共施設等の整備等の促進に関する法律）に規定するPFI手法を導入すること，または，実態としてPFI手法に類似した手法を導入すること。
	公営企業型地方独立行政法人	地方独立行政法人法上の公営企業型地方独立行政法人を設立すること。

出所：総務省（2016）「地方公営企業の抜本的な改革等の取組状況について」をもとに筆者作成。

　また，同報告書は，各公営企業は，抜本的な改革の検討と経営戦略の策定を表裏一体として推進すべきとし，これらの取組みをより的確に進めるため地方公営企業会計の適用や経営比較分析表等を活用した経営状況の「見える化」を推進すべきとした。

　さらに，同報告書は，水道・下水道の両事業については，人口減少等に伴う料金収入の減少や更新需要の増大等を踏まえ，広域化等およびさらなる民間活用を検討すべきとし，交通（バス）事業については，民営化・民間譲渡や事業廃止およびコミュニティバス等の導入を検討すべきとした。また，電気・観光施設（休養宿泊施設）・駐車場整備事業については，事業廃止および民営化・民間譲渡を含む抜本的な改革を検討すべきとし，工業用水道，交通（地下鉄，路面電車，船舶），ガス，港湾整備，市場，と畜場，宅地造成の各事業は，事業ごとの特性に応じ，抜本的な改革を検討すべきとした。

第3章
地方行政における新地方公会計の役割と活用

　なお，これまでに上記の方向性に沿って改革を行った先進事例として，総務省がまとめたものを以下に示す（図表3-13）。

■ 図表3-13　経営改革の先進事例

改革手法	実施団体	対象事業等
民営（三セク）化	広島県企業局	水道三セク会社に対する民間企業との共同出資
民間譲渡	広島県呉市	市営バスの民間譲渡（三セク債活用）
	群馬県藤岡市・高崎市	ガス企業団の民間譲渡
	山梨県石和町	国民健康保険峡東病院の民間移譲
	名古屋市	病院の民間譲渡（三セク債活用）
広域化等	北九州市	隣接する水巻町との上水道事業統合
	岩手中部水道企業団	水道事業の垂直統合
	山形県	置賜地域の医療機能の再編・ネットワーク化
	旭川圏域1市5町	下水道の広域処理化
指定管理者制度	宮城県黒川地域行政事務組合	公立病院の指定管理者制度の導入
	山形県上山市	浄水センターの指定管理者制度の導入
PFI事業	横浜市水道局	浄水場更新と運営・維持管理一体のPFI導入
	岡崎市上下水道局	浄水場更新事業へのPFI手法導入
	横浜市環境創造局	改良土プラント増設・運営PFI事業
	東京都下水道局	水再生センター常用発電施設PFI事業
	埼玉県嵐山町	合併処理浄化槽設置PFI事業
	福井県鯖江市	PFIに基づく駐車場整備事業
民間委託	福島県三春町	上下水道事業の法適化及び第三者委託
	群馬県太田市	浄水場維持管理業務委託
	神奈川県企業局	箱根地区水道事業包括委託
	京都市	市営バスにおける管理の受委託の実施
	福岡市	市営地下鉄の駅業務の民間委託
	茨城県守谷市	下水道事業における包括管理業務委託
	旭川市	下水道事業の包括的民間委託
地方独立行政法人制度	山形県・酒田市	病院経営統合と地方独立行政法人制度導入
資産の有効活用等	北海道函館市	市電におけるネーミングライツの売却
	石狩市	水道事業運営のアセットマネジメント手法導入
	静岡市	下水道事業運営のアセットマネジメント手法導入
[参考]法適化	宮崎県宮崎市	簡易水道事業の法適化
	北海道安平町	簡易水道事業の法適化
	茨城県美浦村	電気事業の法適化
	埼玉県	病院事業の法適化
	岩手県紫波町	下水道事業の法適化
	富山県高岡市	下水道事業の法適化
	山口県下松市	下水道事業の法適化

出所：総務省自治財政局公営企業課（2015）「地方公営企業における民間的経営手法等の先進的取組事例集」をもとに筆者作成。

135

（3）経営戦略の策定と新地方公営企業会計の活用

　前述のとおり，総務省は平成26（2014）年8月の通知において，各地方公共団体に対し，公営企業が計画的経営を推進するための取組みとして経営戦略を策定することを要請した。

　同通知によれば，公営企業の経営戦略とは，将来にわたって安定的に事業を継続していくための中長期的な経営の基本計画であり，その中心となる投資・財政計画は，施設・設備に関する投資の見通しを試算した計画（投資試算）と，財源の見通しを試算した計画（財源試算）を構成要素とし，投資以外の経費も含めたうえで，収入と支出が均衡するよう調整した中長期の収支計画である。また，経営戦略には，組織効率化・人材育成や広域化，PPP/PFI等の効率化・経営健全化の取組みについての検討も反映することが求められるとしている。

　言い換えれば，投資・財政計画では，投資試算等の支出と財源試算が均衡するよう，施設・設備のサイズダウン，効率的配置，PPP/PFIをはじめとする民間的経営手法の導入や事業の広域化等の取組み，組織・人事や財源面の見直し等が検討されなければならない。

　経営戦略の全体イメージを図で示すと図表3-14のようになる。

　中長期の投資・財政計画を主な構成要素とする経営戦略策定の意義は，長期的な需要見通し，更新等の投資想定，料金改定見込みなどの計画作成を通じて，事業の持続性に対する的確な見通しをもつことが可能となり，その計画を実行することで，各公営企業が将来にわたって安定的に事業を継続していけるだけの経営基盤の強化と財政マネジメントの向上を期待できるからである。

　投資・財政計画の策定に当たっては，現時点で反映可能な経営健全化や財源確保にかかる取組みのみならず，将来の料金収入の動向や更新需要の発生等を複合的に加味したシミュレーションを行い，さらに広域化等やさらなる民間活用を反映したケース等の複数の代替案を検討して，実現可能な方策を

■ 図表 3-14　経営戦略のイメージ

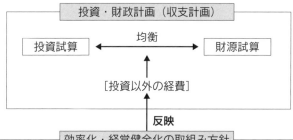

出所：総務省（2014）「公営企業の経営に当たっての留意事項について（説明資料）」をもとに筆者作成。

見出していく必要がある。

　このような投資・財政シミュレーションを的確に行うためには，地方公営企業会計の貸借対照表・損益計算書等の財務諸表およびその明細としての固定資産台帳等を活用して，資金収支・収益・費用・資産・負債が時間の経過とともにどのように変化していくかを総合的体系的に予測することが必須となる。

　また，財務諸表を用いた経営分析や上・下水道事業で作成・公表が始められた経営比較分析表は，経年比較や他公営企業との比較により，経営の現状および課題をより的確かつ簡明に把握することを可能とする。さらに，見える化の推進や財務諸表等の情報公開の徹底は，代替案の検討や民間による事業提案につながるという視点も重要である。

　こうした財務諸表等の分析や公開は，地方公営企業会計の適用があって初めて可能となることから，法非適用の公営企業はできる限り早期に法適化を進め，抜本的な改革の検討に生かすべきである。また，すでに地方公営企業会計を適用している企業にあっても，民間の管理会計や経営シミュレーショ

ン等のノウハウを積極的に取り入れ，その活用を一段と拡大深化させていく必要がある。

（4）経営分析と新地方公営企業会計の活用

経営戦略の策定を進めるうえで，まずは自らの経営の現状や課題を的確に把握することが必要である。そのためには，財務諸表や経営比較分析表から得られる，経年変化や類似団体との比較等を表す経営指標を活用することが早道である。

総務省は，2016年に経営戦略策定のためのガイドライン（経営戦略策定ガイドライン）を策定（2017年一部改訂）し，業績評価に有用と考えられる経営指標（Key Performance Indicators：KPI）を各事業別に例示している。これらの指標の多くは新地方公営企業会計の活用により得られるものである。

以下に，主要な公営事業についての経営指標の例を示す（図表3-15）。

■ 図表3-15　主要な公営事業における経営指標の例

水道事業	下水道事業	交通（バス）事業
• 経常収支比率，収益的収支比率 • 累積欠損金比率 • 流動比率 • 企業債残高対給水収益比率 • 料金回収率 • 給水原価 • 施設利用率 • 有収率 • 有形固定資産減価償却率 • 管路経年化率 • 管路更新率	• 経常収支比率，収益的収支比率 • 累積欠損金比率 • 流動比率 • 企業債残高対事業規模比率 • 経費回収率 • 汚水処理原価 • 施設利用率 • 水洗化率 • 有形固定資産減価償却率 • 管渠老朽化率 • 管渠改善率	• 経常収支比率 • 営業収支比率 • 流動比率 • 累積欠損金比率 • 乗車効率 • 利用者1回当たり他会計負担額 • 利用者1回当たり運行経費 • 他会計負担比率 • 企業債残高対料金収入比率 • 有形固定資産減価償却率 • 走行キロ当たりの収入 • 走行キロ当たりの運送原価 • 走行キロ当たりの人件費

出所：総務省（2017）「経営戦略策定ガイドライン改訂版」。

第 **4** 章

新地方公監査のポイントと
新地方公会計のもとでの
公監査のあり方

1. はじめに

　前章まで新地方公会計統一基準（以下，統一基準）および地方公営企業会計の概要と作成上の留意点や活用についてみてきた。これらは視点を変えれば，各会計における適正性等の検証の着眼点であるということができる。地方公共団体で行われる統一基準等での開示は，その適正性等の上に成り立って的確な活用とそのための議論が可能となることから，その検証等が必要不可欠である。

　地方公共団体の監査制度については，民間企業における公認会計士または監査法人による監査制度とは異なるため，まず，その制度概要を概観する。その際，地方自治法等の一部改正により監査制度が大きく変容することから，これらのことを踏まえた考察を行うこととする。

　なお，本章以下においては，地方公共団体の監査について，企業会計との対比で「公監査」と称する箇所もあるが，これは地方公共団体の監査が財務事務の執行の適正性に関する監査に加えて業績（行政成果）の公監査，その発展段階としての新地方公会計のもとでの公監査も含意することを意味するものである。

2. 地方自治法の改正概要

　地方自治法等の一部を改正する法律案が，平成29（2017）年3月17日国会に提出され，同年6月9日制定された（平成29年法律第54号）。監査に関連する部分の同法の改正としては，平成3（1991）年（行政監査導入等），平成9（1997）年（外部監査導入等）と並ぶ重要な監査制度の改正といえる。改正理由としては，「地方公共団体等における適正な事務処理等の確保並びに組織及び運営の合理化を図るため，地方制度調査会の答申にのっとり，地

方公共団体の財務に関する事務等の適正な管理および執行を確保するための方針の策定等，監査制度の充実強化，地方公共団体の長等の損害賠償責任の見直し等を行うとともに，地方独立行政法人の業務への市町村の申請等関係事務の処理業務の追加等の措置を講ずるほか，所要の規定の整備を行う必要がある」としている。以下，監査関連部分を詳述する（図表4-1，4-2）。

（1）施行スケジュール等

■ 図表 4-1　地方自治法改正（監査関連）の主な内容と施行スケジュール

主な内容		法改正の主な条項	施行期日
内部統制に関する方針の策定等		第150条，第160条	H32.4.1
監査制度の充実強化			
	【監査基準関係】①監査委員は，監査基準（法令の規定により監査委員が行うこととされている監査，検査，審査その他の行為の適切かつ有効な実施を図るための基準）に従い，監査等をしなければならない。	第198条の3第1項	H32.4.1
	②監査基準は監査委員が定めるものとし，監査基準を定めたときは，直ちに，これを普通地方公共団体の議会，長等に通知，公表しなければならない。	第198条の4第1項～第3項	
	③総務大臣は，普通地方公共団体に対し，監査基準の策定又は変更について，指針を示すとともに，必要な助言を行うものとする。	第198条の4第5項	
	【監査委員の権限の強化等】①勧告制度等の創設　監査委員は，監査の結果に関する報告のうち，議会，長等において特に措置を講ずる必要があると認める事項については，その者に対し，理由を付して必要な措置を講ずべきことを勧告することができることとし，勧告を受けた議会，長等は，これに基づき必要な措置を講じて措置の内容を監査委員に通知しなければならない（監査委員は当該勧告・措置の内容の公表義務有）。	第199条第11項，第15項	H32.4.1
	②監査委員による合議の特例　監査委員は，監査の結果に関する報告の決定において，各監査委員の意見が一致せず，合議により決定することができない事項がある場合，その旨・各監査委員の意見を議会，長等に提出・公表しなければならない。	第75条第5項，第199条第13項	

141

【監査体制の見直し】 ①議選監査委員の選任の義務付けの緩和 　条例で議員のうちから監査委員を選任しないことができるものとする。	第199条第1項	
②監査専門委員の創設 　監査委員に常設又は臨時の監査専門委員（専門の学識経験を有する者の中から代表監査委員が他の監査委員の意見を聴いて選任。役割は，監査委員の委託を受け，その権限に属する事務の必要な事項を調査，非常勤）を置くことができる。	第200条の 2第1項～第4項	H30.4.1
【包括外部監査の実施頻度緩和】 　契約に基づく包括外部監査を受けることを条例により定めた市・町村（注1；政令で定める市以外）の長は，条例で定める会計年度（注2；従前は毎会計年度）において，当該会計年度に係る包括外部監査契約を，速やかに，一の者（注3；個人かつ一人の者）と締結（監査委員の意見を聴き，議会の議決必要）しなければならない。	第252条の 36第2項	
【決算不認定の場合の長から議会への報告規定の整備】 　普通地方公共団体の長は，決算の認定に関する議案が否決された場合，当該議決を踏まえ必要と認める措置を講じたときは，速やかに，当該措置の内容を議会に報告し，公表しなければならない。	第233条 第7項	H30.4.1
【損害賠償責任の見直し等】 　長や職員等の地方公共団体に対する損害賠償責任について，条例において，その職務を行うにつき善意でかつ重大な過失がないときは賠償責任額を限定してそれ以上の額を免責する旨を定めることを可能にする。	第242条， 第243条の2	H32.4.1

出所：筆者作成。

■ 図表 4-2　監査制度の充実強化のための見直しイメージ

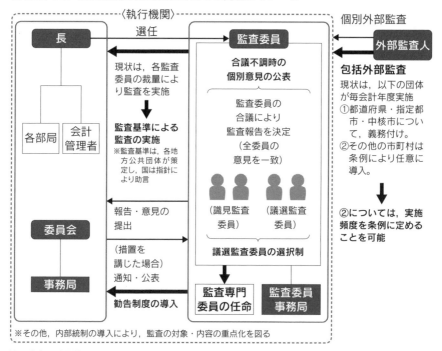

注：太字は改正箇所。
出所：総務省（2017）「地方公共団体における内部統制の整備・運用に関する検討会」第1回（平成29年10月17日）資料4参考資料。

(2) 内部統制に関する方針の策定等

❶ 改正概要

　内部統制部分に関する改正趣旨を再掲すれば，地方公共団体等における適正な事務処理等の確保ならびに組織および運営の合理化を図るために，「内部統制に関する方針の策定等」を行うというものである。

　具体的には，地方自治法第150条第1項（注：平成32（2020）年4月1日

施行）によると，都道府県知事及び指定都市の市長は，その担任する事務の
うち，「財務に関する事務その他総務省令で定める事務」および「その管理及
び執行が法令に適合し，かつ，適正に行われることを特に確保する必要があ
る事務として当該都道府県知事または指定都市の市長が認めるもの」につい
て，管理および執行が法令に適合し，かつ，適正に行われることを確保する
ための方針を定め，およびこれに基づき必要な体制を整備しなければならない
ものとして，「内部統制に関する方針の策定等」が規定された。なお，市町村長
（指定都市の市長を除く）については同内容に関する努力義務が規定された（地
方自治法第 150 条第 2 項）。

　また，都道府県知事または市町村長が「内部統制に関する方針の策定等」
を定めたとき，あるいは変更したときには遅滞なく，これを公表するととも
に，毎会計年度少なくとも 1 回以上，総務省令で定めるところにより，内部
統制の方針及びこれに基づき整備した体制について評価した報告書を作成し
なければならないものとされた。加えて，当該都道府県知事等は，報告書を
監査委員の審査に付し，当該監査委員の審査に付した報告書を監査委員の意
見（意見の決定は，監査委員の合議による）を付けて議会に提出し，同報告
書を公表しなければならないものとされた。

　なお，「内部統制に関する方針及びこれに基づき整備する体制」に関する必
要な事項は，今後総務省令で定めることとなっている。また，法の施行期日
は平成 32 年 4 月 1 日とされている。

　こうした背景には，「地方公共団体における内部統制制度の導入に関する
報告書」[1]によると，人口減少社会の進行を背景に，地方公共団体において
は，①多様なニーズへのよりきめ細やかな対応と行政サービスを支える制度
の複雑化，②都道府県や指定都市等を中心に広範な事務を処理していること

1　平成 26 年 4 月 30 日に総務省で開催された「地方公共団体における内部統制の整備・運
用に関する検討会」参照。また，内部統制に関する議論等は「第 31 次地方制度調査会「人
口減少社会に的確に対応する地方行政体制 及びガバナンスのあり方に関する答申（平成
28 年 3 月 16 日）」第 3　適切な役割分担によるガバナンス，及びその検討過程が参考と
なる。

（首長の管理スパンが広いことなど）や，近年の情報化の進展により個人情報のデータ化による個人情報の流出等の新たなリスクが増加していること，③行革により削減傾向にある職員1人当たりの業務負担の増加がミスの増大等につながることが懸念されることなどにより，不適正な事務処理リスクは拡大する傾向にあるといわれている。

　このことの証左として，1つは，平成20～22年次にかけ，会計検査院が行い，平成22年に公表された「都道府県及び政令指定都市における国庫補助事業にかかる事務費等の不適正な経理処理等の事態，発生の背景及び再発防止策についての報告書」では，不適正な経理処理等（「預け」「一括払」「差替」等を行ったうえで支出命令の内容と実際の納入物品が異なる事例，私的な流用を行ったりした事例）や，国庫補助金の目的外支出の事例などが明らかとなった。そして，その大きな要因として「契約事務と検収事務を同一の担当者が行っていたために，検収事務が形がい化して，契約した物品が納入されていないのに納入されたとして経理処理することが安易にできたなど会計事務手続に問題があり，内部統制が機能していなかったこと」が挙げられている。

　また，地方公共団体における住民訴訟（4号訴訟）の判決として，①政策の是非が問題とされた事例（下関市；平成17年最高裁），②職員の事務処理上のミス等について，長や上司の指揮監督上の義務が問題となった事例（高知県；平成24年高知地裁，静岡県；平成20年最高裁，岡山市；平成21年広島高裁岡山支部，神戸市；平成24年最高裁），③職員の不正について，長や上司の指揮監督上の義務が問題となった事例などが近年頻発していることも示されている。

　こうしたことから，地方公共団体における内部統制制度（策定，公表，評価報告，監査）の導入により，①首長のマネジメントの強化，②監査委員の役割の強化，③議会及び住民による監視のための判断材料の提供，④住民が行う選択の基盤となることが，効果として期待されるものである。

❷ 内部統制（体制）の整備・運用に関する具体的な設計内容

内部統制の整備・運用に関して今後総務省令で定めることとなっている具体的な事項について，総務省公表の研究会等[2] を参考に考察する。

各団体の事務処理リスクが拡大する傾向を背景に，地方公共団体の内部統制体制は，「地方公共団体における事務が適切に実施され，住民の福祉の増進を図ることを基本とする組織目的が達成されるよう，事務を執行する主体である首長自らが，行政サービスの提供等の事務上のリスクを評価およびコントロールし，事務の適正な執行を確保する体制」と捉えられる。

具体的には，民間企業において進展している内部統制の取組みを参考として次のフローにより，実施することが検討されている（詳細は図表4-4参照）。

内部統制体制の整備および運用の責任が首長にあることを明確化し，策定した基本方針は地域住民に常にわかりやすく公表することが肝要である。

策定・公表する「地方公共団体における内部統制基本方針」および「内部統制状況評価報告書」，「同報告書に係る監査意見」のイメージを上記総務省の研究会等を参考に示すと次の内容が考えられる。

■ 図表 4-3　地方公共団体における内部統制に関する取組みフロー

ア　首長による内部統制に関する基本方針の策定・公表
イ　内部統制体制の整備
ウ　内部統制体制の運用
エ　内部統制体制の評価
オ　監査委員の審査
カ　報告書の議会への提出

出所：筆者作成。

2　本項は前掲注1，総務省「地方公共団体における内部統制の整備・運用に関する検討会 地方公共団体における内部統制制度の導入に関する報告書」および総務省（2017）「資料2 地方自治法等の改正について」（地方公共団体における内部統制・監査に関する研究会 第1回（平成29年10月17日）会議資料）を参考としている。

第4章

新地方公監査のポイントと新地方公会計のもとでの公監査のあり方

■ 地方公共団体における内部統制基本方針（イメージ）

　　今般，地方自治法第▲条の規定に基づき，○○市における事務の執行の適正を確保するための体制（いわゆる内部統制体制）の整備及び運用に関する基本方針を次のとおり決定しましたので，これを住民の皆様に公表します。この基本方針に基づき，内部統制体制を整備し，運用してまいります。

1　取組みの目的・対象
　　(1)　事務の管理及び執行が法令等に適合することを確保すること
　　(2)　事務の管理及び執行が効率的・効果的に行われることを確保すること
　　(3)　財務報告の信頼性を確保すること
　　(4)　資産の保全を確保すること

2　個々の部局における自主的・継続的な取組みに関する基本方針（PDCA）
　　(1)　各部局でのリスクの洗い出し（P）
　　・各部局が担当する事務について，法令等に違反（違法または不当）するリスク又は事後的に法令等に違反していると評価され得るリスクの洗い出し
　　・洗い出されたリスクについて，発生頻度や影響度からの分析・評価，対応の優先度の決定
　　(2)　リスクへの対応策の整備（D）
　　・各部局が所管する既存の条例，規範，手順書等について，リスク管理の視点を加味した見直し
　　・リスク事案発生時の対応策の策定
　　(3)　日常の業務を通じたチェック（C）
　　・ITを活用したチェックや人的チェックの仕組みづくり
　　・リスク総点検期間の設定や，定例点検，随時点検の実施
　　(4)　(1)　～　(3)　を踏まえた改善の実施（A）
　　・各業務における執行体制やリスクの点検方法，手順書，対応策等の見直し

3　全庁的な取組みを推進するための体制
　　(1)　内部統制担当部局の設置，内部統制担当者の指名
　　・内部統制の各実施主体（首長，局長，課長等）の役割
　　・リスク事案発生時の報告・体制
　　(2)　全部局で上記PDCAの取組みを補完するための支援や監督
　　・全庁共通的な事務（物品管理，契約等）におけるリスクを評価するための手順書の策定
　　・全庁共通的な事務におけるリスク評価の実施確認
　　(3)　全部局に共通するリスク情報の共有化
　　・各部局のリスクへの対応状況について，内部統制担当部局による全庁的な内部モニタリングの実施
　　・上記内部モニタリングを踏まえたリスク情報の全庁での共有化

　　　　　　　　　　　　　　　　　　　　　　平成○年○月○日
　　　　　　　　　　　　　　　　　　　　　○○市長□□□□印

■ 地方公共団体における内部統制状況評価報告書（イメージ）

　　地方自治法第▲条の規定に基づき，〇〇市における内部統制体制の整備状況及び運用状況について評価し，下記のとおり，報告書を作成するとともに，これを平成●年8月に，監査委員への監査に付しました。その後，平成●年9月に，当該監査委員の意見を付けた報告書を議会に報告しましたので，住民の皆様に公表します。

内部統制状況評価報告書

1 【評価の範囲】
　　財務に関する事務（契約事務，検査事務，支出事務等）
2 【評価の基準日】
　　平成●年3月31日
3 【評価手続】
　　「〇〇市の全庁的な内部統制に関する評価項目」に基づき評価
4 【評価結果】
　　以下の事例を除き，重要な不備はなく，有効であると認められた。
　　①A区役所◆◆部〇〇課においては，契約における発注担当者と契約担当者が分離されておらず，内部統制体制の不備が認められた。
　　②B局◇◇部においては，課長相当職の決裁権限（1千万円以下）を超える契約について，課長の決裁が行われた事例が1件あり，内部統制体制の不備が認められた。
5 【評価後の改善状況】
　　本報告書提出日現在の改善状況は，以下のとおりです。
　　①A区役所◆◆部〇〇課においては平成●年4月に個別の契約における発注担当者と検収担当者を分離する体制を整備し不備の是正を図った。
　　②内部統制推進責任者が，B局◇◇部における平成〇年度の契約を全て調査しております。その上で，必要な是正を図っていく。

平成●年6月〇日
〇〇市長□□ □□ 印

■ 内部統制状況評価報告書にかかる監査意見（イメージ）

平成●年8月〇日

〇〇市長□□ □□ 様

〇〇市監査委員×××× 印
同　　　　■■■ 印

内部統制状況評価報告書に係る監査意見

地方自治法第▲条の規定により監査に付された内部統制状況評価報告書について監査したので，次のとおり意見書を提出する。
1　監査の結果
　　報告書に記載されている事項については，おおむね適正であると認められた。
2　監査の意見
　　（以下略）

また，各リスクの洗い出しについては，平成21（2009）年3月に公表された「地方公共団体における内部統制のあり方に関する研究会「内部統制による地方公共団体の組織マネジメント改革」」が参考となる。

❸「地方公共団体における内部統制・監査に関する研究会」の開催

地方自治法改正前に，上述のように「地方公共団体における内部統制の整備・運用に関する検討会」が開催され一定の報告書が公表されたわけであるが，平成29年10月17日から新たに「地方公共団体における内部統制・監査に関する研究会」（以下，「内部統制・監査研究会」という）が総務省に設置された。同研究会の設置要綱によると，「地方自治法等の一部を改正する法律により，内部統制制度，監査基準による監査等の規定が整備された。内部統制及び監査は，表裏一体となって地方公共団体の業務の適切な遂行に資するものであることから，これらに関し制度化された事項について一体的に詳細な検討を行うため，「地方公共団体における内部統制・監査に関する研究会」を開催する」とその趣旨が示されている。具体的には，内部統制部会（地方公共団体における内部統制に関する方針の策定や，これに基づく必要な体制の整備等に関し具体的な検討を行う）および監査部会（監査委員が定める監査基準について総務大臣が示す指針等に関し具体的な検討を行う）に分けて年内に精力的に議論・検討するスケジュールとなっている。「内部統制・監査研究会」で議論対象となる，今回の地方自治法改正の主な論点（長及び監査委員が取組む事項）を整理すると，図表4-4のとおりとなる。

また，事務の執行の適正を確保するための体制（内部統制体制）の整備および運用に当たっては，リスクの洗い出しが重要となる。民間企業はリスクの発現により経営・業績に直結し，内容によっては企業の存続に影響するものも少なくないが，地方公共団体をはじめとする公的機関は地域ごとに独占的位置にあることから，競争原理に基づかない環境下でのリスクの管理が求められる（図表4-5）。

■ 図表 4-4 地方自治法改正に伴う長及び監査委員の取組む事項

地方公共団体の事務執行の適正を確保するため，下記の取組みをパッケージとして実施

長（内部統制に関する方針の策定等）H32.4.1施行

○都道府県知事及び指定都市の市長は，内部統制に関する方針を定め，これに基づき必要な体制を整備（その他の市町村長は努力義務）

○方針を策定した長は，毎会計年度，内部統制評価報告書を作成し，議会に提出

- ・内部統制に関する方針の策定・公表
- ・内部統制体制の整備

→ 内部統制体制の運用 →

- ・内部統制体制の評価・監査委員の審査
- ・報告書の議会への提出

※内部統制体制：地方公共団体における事務が適切に実施され，住民の福祉の増進を図ることを基本とする組織目的が達成されるよう，事務を執行する主体である長自らが，行政サービスの提供等の事務上のリスクを評価及びコントロールし，事務の適正な執行を確保する体制

監査委員（監査制度の充実強化）H32.4.1施行（※はH30.4.1施行）

○監査委員は監査基準に従うこととし，監査基準は，各地方公共団体の監査委員が定め，公表（監査基準の策定について，国が指針を示し必要な助言を実施）

○そのほか，以下の見直しを実施

- ・勧告制度の創設 ・監査専門委員の創設（※）
- ・議選監査委員の選任の義務付けの緩和（※）
- ・条例により包括外部監査を実施する地方公共団体の実施頻度の緩和（現行は毎会計年度）（※）等

出所：総務省（2017）「資料2 地方自治法等の改正について」（地方公共団体における内部統制・監査に関する研究会 第1回（平成29年10月17日）会議資料）。

■ 図表 4-5 地方公共団体におけるリスク例
（網掛けの項目は，財務に関する事務に関連すると思われるもの）

No.	大項目	中項目	小項目	具体例
1	業務の有効性及び効率性	プロセス	不十分な引継ぎ	人事異動や担当者の不在時の事務引継ぎが十分に行われないことにより業務が停滞する。
2			説明責任の欠如	担当事務が法令等に基づき適切に執行されていることを，相手方に納得できるように説明できない。
3			進捗管理の未実施	業務の実行過程において，業務の進捗状況を管理していない。
4			情報の隠ぺい	首長の判断を仰ぐべき問題に関して，担当者が情報を上司に隠したために，問題が拡大する。
5			業務上の出力ミス	申請内容と異なる証明書をシステムに出力指示する。
6			郵送時の手続きミス	公印を押さずに書類を郵送する。
7			郵送時の相手先誤り	職員の不手際により，郵便物を大量に誤送する。
8			意思決定プロセスの無視	新規業務を始める際に，業務の開始に関する意思決定プロセスを無視する。
9			事前調査の未実施	新規業務を始める際に，市場調査等の事前調査を実施しない。
10			職員間トラブル	職員間において，担当業務を押しつけ合う。
11			委託業者トラブル	業者に委託した内容が，適切に履行されない。
12		人事管理	硬直的な人事管理	長期間にわたる人員配置が行われる。適材適所に人員を配置できない。人事管理が一元化・集約化されていない。

No.				
13	業務の有効性及び効率性	IT管理	システムダウン	コンピュータシステムがダウンする。
14			コンピュータウィルス感染	コンピュータシステムがウィルスに感染する。
15			ブラックボックス化	エラー内容が専門的であり詳細な内容を把握できない。メンテナンス経費の積算が妥当であるか判断できない。
16			ホームページへの不正書き込み	ホームページに不正な書き込みをされる。
17		予算執行	予算消化のための経費支出	予算に剰余が生じた場合でも，経費を使い切る。
18			不適切な契約内容による業務委託	不適切な契約・入札条件を設定して業務を委託する。
19	法令等の遵守	事件	職員等の不祥事（勤務外）	職員等が飲酒運転で検挙される。
20			職員等の不祥事（勤務中）	職員等が業務中交通事故を引き起こす。
21			不正要求	介護ワーカーの不正請求を見過ごす。
22			不当要求	不当な圧力に屈し，要求に応じる。
23			セクハラ・パワハラ	職員間において性的嫌がらせ（セクハラ）やパワハラが発生する。
24		書類・情報の管理	書類の偽造	職員が申請書類を偽造し，減免処理を意図的に改ざんする。
25			書類の隠ぺい	意図的に課税資料を隠ぺいする。
26			証明書の発行時における人違い	申請者を誤って証明書を発行する。
27			証明書の発行種類の誤り	申請内容と異なる証明書を発行する。
28			なりすまし	申請資格のない者に申請資格を与えてしまう。
29			個人情報の漏えい・紛失	職員が住民の個人情報等の非公開情報を取得し，外部に漏えいする。
30			機密情報の漏えい・紛失	職員が業者と結託して，入札の際に特定の業者に有利に働くような情報を漏えいする。
31			不正アクセス	コンピュータシステムが外部から不正アクセスを受ける。
32			ソフトの不正使用・コピー	ソフトウェアのライセンスを一部しか取得せずに，組織的な経費節減のために意図的にソフトウェアの違法コピーをする。職員等が職場のPCにおいて，個人使用目的でソフトウェアを不正にコピーする。
33			違法建築物の放置	建築確認等の手続きを怠って違法建築をされた建物を放置する。
34		予算執行	勤務時間の過大報告	勤務時間報告を過大に報告する。
35			カラ出張	カラ出張をする。
36			不必要な出張の実施	業務上不必要な出張により経費支出を行う。
37		契約・経理関係	収賄	外部業者との契約の際に，業者担当者から賄賂の申し出を受ける。
38			横領	現金を意図的に横領する。
39			契約金額と相違する支払	契約と異なる金額を支払う。
40			不適切な価格での契約	不適切な価格での契約を受け入れる。
41	財務報告の信頼性	過大計上	過大徴収	証明書の発行手数料を過大に徴収する。
42		架空計上	架空受入	委託業者からの納品に関して，架空の受入処理を行う。
43		過少計上	過少徴収	証明書の発行手数料を過少に徴収する。
44		計上漏れ	検収漏れ	委託業者からの納品に関して，検収印を押し忘れる。
45		不正確な金額による計上	財務データ改ざん	意図的に財務データを改ざん処理する。
46			支払誤り	経費の支払に際して，相手先からの請求額よりも過大に支払う。
47			過大入力	収入金額よりも過大な金額を財務会計システムに入力する。
48			過少入力	収入金額よりも過少な金額を財務会計システムに入力する。
49			システムによる計算の誤り	給与システムにおける給与及び源泉徴収控除等の計算を誤る。
50		二重計上	データの二重入力	財務会計システムにデータを二重入力する。
51			二重の納品処理	委託業者からの納品に関して，二重に受入処理を行う。
52		分類誤りによる計上	受入内容のミス	委託業者からの納品に関して，受入内容（品目・価額等）を誤る。
53			システムへの科目入力ミス	財務会計システムへの入力時に，使用する科目を誤る。
54			科目の不正変更	財務会計システムへの入力時に，使用する科目を意図的に変更する。

55	資産の保全	資産管理	不十分な資産管理	資産が適切に把握されていない。備品購入時において，発注内容と異なる物品を収納する。
56			固定資産の非有効活用	把握しているホール等の公共施設，空き地，官舎等が有効利用されていない又は処分すべき資産を処分しない。
57			無形固定資産の不適切な管理	ソフトウェアの有効期限を適切に管理していない。
58			不適切な不用決定	本来継続使用可能な備品を不用決定する。
59			耐震基準不足	施設に必要な耐震基準を満たしていない。
60			現金の紛失	現金を紛失する。
61		二重計上	二重記録	二重に廃棄又は売却処理を記録する。
62			二重発注	備品を二重に発注する。
63		不正確な金額による計上	発注価額の誤り	実際の価額よりも過大な金額で発注する
64			固定資産の処分金額の誤り	固定資産の処分金額を誤る。
65		計上漏れ	固定資産の処分処理の漏れ	固定資産の除売却・貸与処理を漏らす。
66			固定資産の登録処理の漏れ	固定資産の登録を漏らす。
67	経営体リスク（その他のリスク）	自然災害・事故	地震・風水害・地盤沈下・停電	風水害により業務が中断する。
68			渇水	渇水により給水制限が発生する。
69			火災	山火事などの大規模火災により業務が中断する。
70			NBC災害	核物質・生物剤・化学剤により汚染事故が発生する。
71			放火	公立施設が放火され業務が中断する。
72			公共施設建築現場における事故	公共施設建築現場において，事故が発生する。
73			公営住宅の老朽化等に伴う事故	公営住宅の老朽化が原因で人身事故が発生する。
74			医療施設における事故	公立病院内で「(80) 医療事故」以外の転倒又は転落事故が発生する。
75			公共施設における事故	地方公共団体が所管する施設において事故が発生する。
76			主催イベント時の事故	地方公共団体が主催するイベント中に事故が発生する。
77		健康	感染症	地域内において，感染症が発生する。
78			食中毒	地域内において，食中毒が発生する。
79			不審物による被害	公共施設に爆発物や有害物質が送りつけられる。
80			医療事故	公立病院内で手術ミスによる医療事故が発生する。
81			院内感染	公立病院内で院内感染が発生する。
82		生活環境	公害発生	地域内において，光化学スモッグが発生する。
83			産業廃棄物の不法投棄	産業廃棄物の不法投棄を放置する。
84			公共施設内のアスベスト被害	地方公共団体が管理する施設において，アスベスト被害が発生する。
85			水質事故	異臭，異物混入，赤水等の水質汚染により苦情が発生する。
86		社会活動	児童・生徒に対する危害	公立学校内で児童・生徒が外部からの侵入者により暴行を受ける。
87			施設開放時の事故	公立学校で施設開放時に事故が発生する。
88			児童虐待	児童が両親・保護者から虐待を受けているケースを把握しているにもかかわらず放置する。
89			教育施設への不審者の侵入	公立学校に不審者が侵入する。
90		経済活動	財政破たん	厳しい財政状況により住民サービスに影響が生じる。
91			指定金融機関の破たん	指定金融機関が破たんし，公金の収納や支払の業務ができなくなる。
92			家畜伝染病の発生	地域内において鳥インフルエンザが発生する。
93		その他	首長の不在	首長に危害が加えられる又は急変により不在となり，行政が機能しない。
94			管理職又は担当者の不在	管理職又は担当者が急変により不在となり，担当業務が機能しない。
95			庁舎内来訪者の被害	庁舎内設備の不備により来訪者が軽症被害を負う。

第4章
新地方公監査のポイントと新地方公会計のもとでの公監査のあり方

96	（経営体リスク（その他のリスク））	その他	訪問先でのトラブル	職員が業務により訪問した個人宅でトラブルにより暴力事件が発生する。
97			職員と住民間トラブル	職員の窓口対応が悪く，来訪者による傷害事件が発生する。
98			マスコミ対応	マスコミへの情報提供が遅れる又は情報提供が不十分である。
99			増大する救急出動	救急車輌が不足する又は受入先が定まらないことにより，迅速な搬送が困難となる。
100			広域的救急医療事案の発生	地方公共団体内の医療施設だけでは対応できないような大規模な事件・事故が発生する。
101			テロ発生	爆弾テロが発生する。

出所：総務省（2017）「資料2　リスク例」（地方公共団体における内部統制・監査に関する研究会 内部統制部会 第1回（平成29年10月24日）会議資料）。

❹ 内部統制・監査研究会における内部統制ガイドラインの策定について

　地方自治法等の一部を改正する法律案について，政府に対して「内部統制に関する方針策定・方針に基づく体制の整備促進」に必要な助言および情報提供を行うよう衆議院および参議院における附帯決議が提出された。内部統制・監査研究会においては，これら国会審議等の状況を踏まえ，各地方公共団体において内部統制をスムーズに導入できるようにするための「手順書」として，ガイドラインを総務省において作成することとされた。その内容は次のとおりである。

①地方公共団体における内部統制の基本的枠組みとして，地方公共団体における内部統制の概要を記載すること。特に，重要な原則として，1）長の意識が「統制環境」に最も大きな影響を与える重要なものであること，2）団体ごとに直面するリスク等の違いを踏まえた創意工夫が必要なこと，3）業務の効率化やリスクの減少等を通じて職員にとってもメリットがある取組みとすべきこと。

②内部統制に関する方針の策定・公表として，1）団体ごとに対応すべき主要なリスクを踏まえた，内部統制の大目的，2）長を含めた幹部の責任・役割の分担や意思決定の仕組み等の全庁的な体制の整備のあり方について，策定・公表の手順を記載すること。

③内部統制体制の整備として，1）各部局に対して内部統制についての意義等を浸透させるための会議の設置等 2）内部統制推進部局・各部局の具

153

体的取組みとしての PDCA サイクルについて，整備の手順を記載。

④長による内部統制の評価および報告として，統制環境（内部統制に関する方針・全庁的な体制整備），リスクの評価と対応（PDCA サイクルの P），統制活動（PDCA サイクルの D），モニタリング（PDCA サイクルの C），情報と伝達，IT への対応といった内部統制の基本的要素ごとに行う評価の項目や内部統制評価報告書の記載の仕方を含め，評価の手順について記載，リスク対応状況，独立的評価，監査委員の指摘を踏まえた次年度の取組みを検討（PDCA サイクルの A）。

■ 図表 4-6 「内部統制ガイドライン」(案)のフレーム I

I 地方公共団体における内部統制の基本的枠組み

（1）地方公共団体における内部統制とは
　　地方公共団体における事務が適切に実施され，住民の福祉の増進を図ることを基本とする組織目的が達成されるよう，事務を執行する主体である長自らが，行政サービスの提供等の事務上のリスクを評価及びコントロールし，事務の適正な執行を確保すること。

（2）地方公共団体における内部統制の4つの目的及び6つの基本的要素
　　4つの目的：①業務の効率的かつ効果的な遂行，②財務情報等の信頼性の確保及び適切な開示，③法令等の遵守，④資産の保全
　　6つの基本的要素：①統制環境，②リスクの評価と対応，③統制活動，④モニタリング，⑤情報と伝達，⑥ITへの対応

（3）内部統制の留意点・限界
- 長の意識が「統制環境」に最も大きな影響を与える重要なものである。[H26報告書P34]
- 業務の効率化やリスクの減少等を通じて職員にとってもメリットがある取組とすべきである。[H21報告書P35]［H26報告書P17］
- リスクを完全にゼロにすることを可能とするものではない。[H21報告書P40]［H26報告書P3］
- 既に存在している統制を可視化することを基本とし，費用対効果の高いものに優先的に取組み，過度な文書化・過度な統制を防ぐべきである。[H21報告書P76]

※関連箇所
H21報告書：地方公共団体における内部統制のあり方に関する研究会報告書（平成21年公表）
H26報告書：地方公共団体における内部統制の整備・運用に関する検討会報告書（平成26年公表）

出所：総務省（2017）「資料1　内部統制ガイドラインについて」（地方公共団体における内部統制・監査に関する研究会 内部統制部会 第1回（平成29年10月24日）会議資料）。

154

第4章
新地方公監査のポイントと新地方公会計のもとでの公監査のあり方

⑤監査委員による内部統制評価報告書の審査として，長による評価手続き
や範囲，結果等に不備がないかといった観点から審査を行う際の手順を
記載。併せて，財務監査等その他の監査において確認された内部統制上
の不備の扱いを記載。

また，内部統制・監査研究会における「内部統制ガイドライン」のフレー
ム案（Ⅰ～Ⅲ）は図表 4-6～4-8 のとおりである。

総務省自治行政局行政課調査が，平成 26 年 7 月 1 日現在で地方公共団体に
おける内部統制の取組状況等について調査した結果を図表 4-9 に示す（調査対
象：47 都道府県，1,741 市区町村，回収率：1,788 団体中 1,577 団体回答，88.2%）。

地方公共団体のリスクに対する意識として，地方公共団体に生じる可能性
のあるリスクの分類群のうち，最も対策を講じる優先度が高いと評価・選択
された回答をリスクとして集計している。

■ 図表 4-7 「内部統制ガイドライン」（案）のフレームⅡ

Ⅱ　内部統制に関する方針の策定・公表

（1）内部統制推進部局の決定 •長のリーダーシップを適切に発揮できる部局が担当すべき。 •制度が軌道に乗るまでは，内部統制を推進する専門の部署を設置することが望ましい。
（2）対応すべき主要なリスクの検討 •団体の運営方針・政策課題・過去の不祥事等を踏まえ，対応すべき主要なリスクを検討する。 •財務に関する事務以外の事務に関するリスクも対象とすることは可能。
（3）内部統制に関する方針の検討・決定 •対応すべき主要なリスク等をもとに，団体における取組みの方針を検討。 •長を含めた幹部の内部統制に関する責任・役割の分担や意思決定の仕組み等全庁的な体制の整備についてのあり方を検討。 •以上の内容を，長の下に決定し，文書化したものが内部統制に関する方針。 •下位規程に分けて記載している場合には，それも公表，評価・審査の対象。
（4）内部統制に関する方針に基づく決まりごと・指針等の検討・決定
（5）内部統制に関する方針等の公表

出所：総務省（2017）「資料 1　内部統制ガイドラインについて」（地方公共団体における内部統制・監査に関する研究会 内部統制部会 第 1 回（平成 29 年 10 月 24 日）会議資料）。

155

■ 図表 4-8 「内部統制ガイドライン」（案）のフレームⅢ

Ⅲ 内部統制体制の整備

　1　全庁的な体制の整備　2　内部統制のPDCAサイクル

内部統制推進部局　　　　　　　　　　　　　　　　各部局

方針の策定・公表
- 主要リスクを基に団体における取組の方針を設定
- 全庁的な体制や作業のよりどころとなる決まりを決定し，文書化
- 議会や住民等に対する説明責任として公表

全庁的な体制の整備
- 会議体の設置，研修の実施

統制環境

Plan
- 年度ごとのサイクルにおける取組内容の検討，決定
- リスクの把握のための作業依頼
- リスクの評価のための作業依頼
- リスク対応策の検討のための作業依頼

リスクの評価と対応

Plan
- リスクの把握のための作業
- リスクの評価のための作業
- リスク対応策の検討のための作業

Do
- リスク把握，評価，対応策のとりまとめ
- 各部局による自己点検，リスク対応策改善の作業依頼

統制活動

Do
- リスク対応策の実行

Check
- 各部局のリスク対応状況をとりまとめ，検証
- 独立的評価の実施
- 改善点の検討，指摘

モニタリング

Check
- 自己点検をして，事前に整備したリスク対応策の適切性を検証し，更なる対応策の改善案を検討

Action
- リスク対応状況のとりまとめ結果，独立的評価を受けて，次年度のサイクルにおける取組を検討
- 監査委員からの指摘についても取組に反映

Action
- リスク対応策の改善案の実施

出所：総務省（2017）「資料1　内部統制ガイドラインについて」（地方公共団体における内部統制・監査に関する研究会 内部統制部会 第1回（平成29年10月24日）会議資料）。

第4章
新地方公監査のポイントと新地方公会計のもとでの公監査のあり方

■ 図表 4-9　地方公共団体における内部統制体制の整備・運用の取組状況について

	行っていない	行っている	(1) 基本方針		(2) 評価書			
			①作成	②公表	③作成	④監査委員の監査	⑤議会への報告	⑥公表
都道府県（47）	34	13	6	5	7	3	2	4
	72.3%	27.7%	46.2%	38.5%	53.8%	23.1%	15.4%	30.8%
指定都市（20）	13	7	4	3	2	1	2	3
	65.0%	35.0%	57.1%	42.9%	28.6%	14.3%	28.6%	42.9%
市区町村（指定都市を除く）(1,510)	1,407	103	56	39	38	44	25	20
	93.2%	6.8%	54.4%	37.9%	36.9%	42.7%	24.3%	19.4%
合計（1,577）	1,454	123	66	47	47	48	29	27
	92.2%	7.8%	53.7%	38.2%	38.2%	39.0%	23.6%	22.0%

注：取組内容については複数回答のため，取組内容の合計数は各団体数と一致しない。

出所：総務省（2015）「第31次地方制度調査会第24回専門小委員会　参考資料3　内部統制関連資料」（平成27年10月2日）。

(3) 監査基準の整備について

❶ 地方自治法の改正概要

　上述のとおり，改正後の地方自治法第198条の4では，監査委員が監査等を行うに当たっては，監査基準に従うこととし，監査基準は，各地方公共団体の監査委員が監査委員の合議により定め，普通地方公共団体の議会，長等に通知するとともに，公表しなければならない（監査基準の変更の場合も同様），とされている。

　また，監査基準の策定または変更については，総務大臣は，普通地方公共団体に対して指針を示すとともに，必要な助言を行うものとされ，具体的な助言内容は施行期日（平成32年4月1日）までに示されるものと思われる。

157

❷ 監査基準の整備状況（法改正前）

■ 図表 4-10　都道府県・市・町村の監査基準の策定・公表状況

（単位：団体）

	監査基準の策定状況		監査基準の公表	
	有	無	有	無
都道府県	46 （97.9％）	1 （2.1％）	14 （30.4％）	32 （69.6％）
指定都市	16 （80.0％）	4 （20.0％）	10 （62.5％）	6 （37.5％）
その他市	445 （56.2％）	347 （43.8％）	195 （42.6％）	263 （57.4％）
町村	419 （45.2％）	507 （54.8％）	212 （47.6％）	233 （52.4％）
合計	926 （51.9％）	859 （48.1％）	431 （44.7％）	534 （55.3％）

出所：総務省（2015）「第31次地方制度調査会第24回専門小委員会　参考資料5　監査制度関連資料」（平成27年10月2日）

　平成27年4月1日現在（地方自治法改正前）における，第31次地方制度調査会（事務局）での調査では，図表4-10のとおりとなっている。

　また，地方公共団体ごとの個別設置されていない（監査基準がない）団体において監査を行う際の基準・参考としている事項は，都道府県，市，町村ごとに（任意に）設けられた監査委員の連絡組織において提示されている標準的な監査基準（各基準，準則については図表4-11参照）を活用していることや，監査委員の判断，地方自治法に基づく基準[3] としているという回答で

3　第198条の3　監査委員は，その職務を遂行するに当たっては，常に公正不偏の態度を保持して，監査をしなければならない。
　第199条第3項　監査委員は，第一項または前項の規定による監査をするに当たっては，当該普通地方公共団体の財務に関する事務の執行及び当該普通地方公共団体の経営に係る事業の管理又は同項に規定する事務の執行が第二条第十四項及び第十五項の規定の趣旨にのっとってなされているかどうかに，特に，意を用いなければならない。

あった。

　なお，都道府県（全都道府県監査委員協議会連合会；都道府県監査委員監査基準），市（全国都市監査委員会；都市監査基準），町村（全国町村監査協議会；標準町村監査基準）および会計検査院の各基準の体系を示すと図表4-11のとおりである。

■ 図表4-11　都道府県・市・町村の現行監査基準の概要

○都道府県監査委員監査基準の概要（全都道府県監査委員協議会連合会策定　平成20年2月最終改正）
　　第1　総則
　　　　1　監査実施基準〈基本方針，年間計画の策定，指摘事項の重視等〉
　　　　2　監査報告基準〈報告書の作成，結果の公表等〉
　　第2　監査実施準則
　　　　1　監査種別と実施方針〈各監査・検査等の内容等〉
　　　　2　監査着眼点〈各監査・検査の着眼点等〉
　　　　3　監査技術
　　第3　監査報告準則〈監査報告書，指摘事項等〉

○都市監査基準の概要（全国都市監査委員会策定　平成28年8月最終改正）
　　第1章　総則
　　　　目的／規範性／監査等の目的／監査等の種類
　　第2章　一般基準
　　　　倫理規範／指導的機能の発揮／監査等の実施／報告の徴取／監査調書の作成及び保存／情報管理／品質管理
　　第3章　実施基準
　　　　合理的な基礎の形成／監査等の実施方針及び計画の策定／監査等の計画の変更／監査等の手続／実施すべき監査等の手続の適用／他者情報の利活用及び調整／弁明，見解等の聴取
　　第4章　報告基準
　　　　報告及び意見の提出／監査報告等の内容／監査委員の合議／監査報告等の公表／措置状況の報告等

○標準町村監査基準の概要（全国町村監査協議会策定　平成25年1月最終改正）
　　第1章　総則
　　　　第1節　一般基準〈目的，基本方針，監査委員の使命・責務，職員心得等〉
　　　　第2節　実施基準〈基本方針，計画，実施手続の適用基準，合理的証拠確保の基準等〉
　　　　第3節　報告基準〈報告・意見書の提出，報告書等の作成等〉

第2章　監査等の実施
　第1節　監査等の種類〈監査・検査の種類等〉
　第2節　監査等の事前手続〈年間計画作成，監査等の着眼点等〉
　第3節　監査等の実施手続〈実施手続の選択適用・適用等〉
第3章　監査等の結果〈報告書・意見書の決定・提出・公表，報告書等の記載事項等〉

出所：2017年度全国都市監査委員会定期総会「地方自治法の改正について」総務省講演資料から筆者抜粋。

　なお，全国都市監査委員会策定の都市監査基準（平成28年8月25日改正）の記載内容（原文を筆者一部省略）を概括する。

第1章　総則
（目的）
第1条 都市監査基準は，地方自治法，地方公営企業法及び地方公共団体の財政の健全化に関する法律の規定に基づき，本基準第4条第1項第1号から第10号までの監査，同項第11号の検査及び同項第12号から第15号までの審査の実施，報告等に関して監査委員のよるべき基本事項を定めるとともに，議会及び市長又は関係する行政委員会等ならびに法第252条の30第1項に定める外部監査人との関係を明確にすることを目的とする。

（規範性）
第2条　本基準は監査委員監査の基準であり，監査委員は，実施可能にして合理的である限りこれに従って監査，検査及び審査を実施しなければならない。なお，本基準に定められていない事項については，一般に公正妥当と認められる他の関連する基準等を参考にするものとする。

（監査等の目的）
第3条　監査等の目的は，次の各号を実施することにより，都市の行財政運営の健全性と透明性の確保に寄与し，もって住民の福祉の増進と市政への信頼確保に資することである。
　⑴　監査及び検査については，都市の行財政運営が，法第2条第14項から第16項までの趣旨にのっとり，公正で合理的かつ効率的に実施されているかを住民の視点に立って確認し，監査委員が自ら入手した証拠をもとに総合的に検証した結果を監査及び検査の結果や意見として提出し，法の規定にのっとり公表する。
　⑵　審査については，市長から審査に付された決算等が一般に公正妥当と認められる地方公会計の基準等に準拠して作成され，その内容を適正に表示していること，及び予算の執行又は事業の経営が適正に，効果的で効率的かつ経済的に行われていることを，監査委員が自ら入手した証拠をもとに審査した結果を意見として表明する。
第4条　略

第2章　一般基準

（倫理規範）

第5条　監査委員は，高潔な人格を維持し，いかなる場合も信義にのっとり誠実な態度を保持しなければならない。

2　監査委員は，常に，独立的かつ客観的な立場で公正不偏の態度を保持し，正当な注意を払って監査等を実施しなければならない。

3　監査委員は，職務上知り得た秘密を他に漏らし，又は他の目的に利用してはならない。その職を退いた後も同様とする。

4　監査委員は，第3条の目的を果たすため，常に自己研さんに努めなければならない。

（指導的機能の発揮）

第6条　監査委員は，第3条の目的を果たすため，監査等の対象組織に対し，適切に指導的機能を発揮しなければならない。

（監査等の実施）

第7条　監査委員は，監査等の対象にかかるリスクを考慮して，効果的かつ効率的に監査等を実施しなければならない。なお，その場合のリスクの重要度については，必要に応じて内部統制の整備及び運用状況の有効性を評価した上で総合的に判断しなければならない。

（報告の徴取）

第8条　監査委員は，地方自治法施行令第168条の4第3項又は地方公営企業法施行令第22条の5第3項の規定により，指定金融機関等に対する検査の結果について，会計管理者又は企業管理者に対して報告を求めることができる。

2　監査委員は，法施行令第158条の2第5項の規定により，地方税の収納事務の受託者に対する検査の結果について，会計管理者に対して報告を求めることができる。

第9条〜第10条　略

（品質管理）

第11条　監査委員は，監査等が本基準に準拠して適切に実施されるために必要な品質管理の方針と手続を定めなければならない。

2　監査委員は，前項の品質管理の方針と手続に従い，監査等が適切に実施されていることを定期的に評価しなければならない。

3　監査委員は，監査等のすべての過程において，監査委員に関する事務を補助する職員等を適切に監督し，指導しなければならない。

第3章　実施基準

（合理的な基礎の形成）

第12条　監査委員は，監査等の実施に当たり，十分かつ適切な監査等の証拠を入手して，決定する監査等の結果及び意見の合理的な基礎を形成しなければならない。

（監査等の実施方針及び計画の策定）

第13条　監査委員は，都市を取り巻く内外の環境，議会の動向，市長の理念や方針，リスク管理体制や内部統制体制等のガバナンスの状況，情報技術の利用状況，

過去の監査結果に対する措置の状況等及び監査資源を総合的に勘案し，監査等の方向性や重点項目等の実施方針を策定しなければならない。なお，当該実施方針は，環境等の変化に応じて適宜見直さなければならない。

2　監査委員は，前項の実施方針に基づき，監査等を効果的，効率的に実施することができるように，監査等の計画を策定しなければならない。

3　監査委員は，年間監査計画の策定に当たり，リスクの重要度及び過去の監査結果に対する措置の状況等を評価し，監査資源等を総合的に勘案した上で，次に掲げる事項を定めなければならない。
　⑴　実施予定の監査等の種類及び対象
　⑵　監査等の対象別実施予定時期
　⑶　監査等の実施体制
　⑷　その他必要と認める事項

4　監査委員は，実施計画の策定に当たり，監査等の対象にかかるリスクが及ぼす影響の重要度を評価した上で，その程度に応じて体系的に次に掲げる事項を定めなければならない。
　⑴　監査等の種類
　⑵　監査等の対象
　⑶　監査等の着眼点
　⑷　監査等の主な実施手続
　⑸　監査等の実施場所及び日程
　⑹　監査等の担当者及び事務分担
　⑺　その他監査等の実施上必要と認める事項

（監査等の計画の変更）
第14条　監査委員は，監査等の計画の前提として把握した事象や環境等が変化した場合又は監査等の実施過程で，事前のリスク評価に重大な影響を与えるような新たな事実を発見した場合には，必要に応じて適宜監査等の計画を変更しなければならない。

（監査等の手続）
第15条　監査委員は，十分かつ適切な監査等の証拠を入手できるよう，監査等の対象にかかるリスクの重要度，内部統制の整備及び運用状況の有効性を考慮して，実施すべき監査等の手続を定めなければならない。

2　監査委員は，監査等の結果及び意見を決定するに足る合理的な基礎を形成するために，監査等の手続を定めるに当たり，有効性，効率性，経済性，合規性に着目し，併せて実在性，網羅性，権利と義務の帰属，評価の妥当性，期間配分の適切性，表示の妥当性等も考慮しなければならない。

3　監査等の手続は，試査又は精査による。なお，監査等の実施の結果，異常の兆候を発見した場合等必要と認める場合は，監査等の手続を追加して実施しなければならない。

4　監査委員は，監査等の実施の結果，不正の兆候もしくは不正の事実を発見した場合には，適宜監査等の手続を追加して十分かつ適切な監査等の証拠を入手し，監査等の結果及び意見の合理的な基礎を形成しなければならない。

第4章

新地方公監査のポイントと新地方公会計のもとでの公監査のあり方

（実施すべき監査等の手続の適用）

第16条　監査委員は，効果的かつ効率的に十分かつ適切な監査等の証拠を入手する
ため，実査，立会，確認，証憑突合，帳簿突合，計算突合，分析的手続，質問，
観察，閲覧等の手法について，得られる証拠力の強弱やその容易性を勘案して適
宜これらを組み合わせる等により，最も合理的かつ効果的となるよう選択の上，
実施すべき監査等の手続として適用しなければならない。

＊以下の条文（報告基準関係等）は省略する。

出所：全国都市監査委員会ホームページ〈https://www.zenkan.jp/kijun/pdf/toshikansakijun.pdf〉。

　また，会計検査院の会計検査基準（試案）が公表されているので，概要を
示すと図表 4-12 のとおりである。

■ **図表 4-12　会計検査基準（試案）の概要（会計検査院策定　平成 24 年 10 月公表）**

第1章　会計検査の目的

第2章　会計検査の基本原則
　　第1　会見検査院の基本的事項〈独立性の確保，客観性及び専門性の確保，会
　　　　計検査業務の品質管理，情報の管理等〉
　　第2　会計検査員の職員の基本的事項〈公正性の保持，専門的能力の向上，情
　　　　報の守秘，検査実施状況の報告及び指導監督等〉

第3章　会計検査の実施
　　第1　会計検査実施の基本的事項〈会計検査の対象及び範囲，会計検査の観点
　　　　等〉
　　第2　検査の計画〈会計検査の基本方針の策定，検査計画の策定〉
　　第3　検査の実施〈検査の方法，根拠資料の収集，意見の表示又は処置の要求，
　　　　フォローアップ検査等〉
　　第4　検査の計画，実施における留意事項〈横断的・機動的・弾力的な検査，
　　　　内部統制の状況を踏まえた検査等〉

第4章　会計事務を処理する職員に対する責任の追及及び審査
　　第1　会計事務を処理する職員に対する責任の追及
　　第2　国の会計経理の取扱いに関する審査

第5章　検査結果の報告
　　第1　検査結果報告の基本的事項
　　第2　検査結果の報告
　　第3　決算検査報告の掲記事項〈検査結果，国会等への報告，懲戒処分の要求
　　　　及び検定等〉

出所：会計検査院ホームページ〈http://www.jbaudit.go.jp/effort/pdf/kensakijun_h241030.pdf〉。

163

2.（2）③でふれたように平成 29 年 10 月 17 日から新たに総務省に設置された「地方公共団体における内部統制・監査に関する研究会」の監査部会（監査委員が定める監査基準について総務大臣が示す指針等に関し具体的な検討を行う）では，「「監査指針」の策定について」（資料 3　本研究会について）として，監査基準の整備について，「昭和 22 年に地方自治法が施行されて 70 年を経過したところであるが，地方公共団体のガバナンスの要である監査制度については，地方公共団体に関する全国統一的な監査基準が存在しないため，監査の実施目的や実施方法が判然とせず，各監査委員の裁量に委ねられていることから，各地方公共団体の監査の実施状況に差異が生じている状況となっている。また，人口減少社会において地方公共団体の経営資源が限られていくなか，全国的に地方公共団体の業務の適切な実施を確保することが求められており，そのためにも監査の実効性の確保が重要であると考えられる」として，研究会での論点を明示し，各地方公共団体の監査委員が定めて公表する監査基準に資する「監査指針」の策定について精力的に議論・検討するとしている。

3. 統一基準により作成された財務書類の公監査のあり方について[4]

（1）地方公会計マニュアルにおける監査の位置づけと公監査実施上の論点

平成 27 年 1 月 23 日付の総務大臣通知「統一的な基準による地方公会計の整備促進について」とともに公表された「統一的な基準による地方公会計マニュアル」において，統一基準により作成した財務書類に関する「監査」に

---

[4]　本節は，日本会計研究学会第 75 回大会 特別委員会最終報告「新しい地方公会計の理論，制度，および活用実践」（2016 年 9 月 12 日）「4. 地方公会計統一基準の展開の論点」の筆者作成部分を引用・整理している。

言及した箇所は，「Q&A集」の記載（平成27年1月23日公表）が唯一のものであった。

かかるQ&A集の1. 全体編の質問7（以下，「Q&A1-7」という）では「作成した財務書類等は，監査委員の審議対象や議会への報告事項となるのでしょうか」に対して総務省の回答として，「地方公共団体が作成する財務書類等については，監査委員による審査や議会への報告が義務づけられているものではありませんが，前者は財務書類等の正確性・信頼性の確保に資するものであり，後者は地方議会の監視機能の向上に資するものであるため，いずれも有意義な取組みだと考えられます」としている。

しかし，地方公共団体における公会計整備の意義は，「住民や議会等に対し，財務情報をわかりやすく開示することによるパブリックアカウンタビリティの履行と，資産・債務管理や予算編成，行政評価等に有効に活用することで，マネジメントを強化し，財政の効率化・適正化を図ること」であることから，財務書類等の正確性・信頼性の確保は，当該地方公共団体自身の活用はもとより，住民，議会，IR情報利用者等における議論・検討に必要不可欠なものと考える。

そこで，当該箇所を端緒として，統一基準により作成した財務書類に関する監査，すなわち公監査上の諸論点（監査実施の法的位置づけ・先行事例，監査実施時期・監査実施主体，保証水準など公監査のあり方）について検討することとする。

（2）財務書類の公監査に関する地方自治法上の位置づけと先進的な自治体の事例

前章までのとおり，地方自治法上いわゆる官庁会計（一般会計等）による決算報告は，①会計管理者が決算を調製し，出納の閉鎖後三箇月以内に証書類等と併せて普通地方公共団体の長に提出し（第233条第1項），②長は決算及び前項の書類を監査委員の審査に付し（同条第2項），③併せて監査委員の審査に付した当該決算を監査委員の意見を付けて次の通常予算を議する会議までに議会の認定に付す（同条第3項）という一連の事務手続が義務づけ

られ，当該決算報告は監査委員による監査（地方自治法上では審査）が行われている。

しかし，平成27年1月の総務大臣通知やマニュアル公表後も，統一基準により作成した財務書類に関する信頼性確保のための監査に関する地方自治法等の規定はなく，また，現時点で（総務大臣通知では平成29年度までに作成することとしているため）現時点で新基準による財務書類の監査公表事例を筆者は確認できていない。

こうしたなか，すでに先進的な地方公共団体の監査委員監査や包括外部監査においては統一基準公表以前のモデル（基準）等により作成した財務書類等の正確性を検証している取組みもみられるため，今後の財務書類監査の示唆となりうるものと考える。

❶ 東京都の事例（監査委員監査）

東京都の平成27（2015）年の定例監査報告書（平成26年度執行分）では，「地方自治法第199条第1項，第2項，第4項及び第7項に基づき，都の財務に関する事務の執行，経営に係る事業の管理及び事務の執行が，適正・適切に行われているか」について，「都の事務及び事業の全般を対象とした。あわせて，平成26年度東京都財務諸表の作成についても検証した」とされており，監査委員の行政監査を含む定期（定例）監査権能のなかで，財務書類（東京都財務諸表）の監査が行われていることがうかがえる[5]。

第4 東京都財務諸表等の監査の章では，「監査の目的」は「平成26年度東京都財務諸表（貸借対照表，行政コスト計算書，キャッシュ・フロー計算書，正味財産変動計算書及び附属明細書）が，東京都会計基準に準拠しているかを検証すること」として，「監査の方法」として「財務諸表相互間の整合性，前期の財務諸表との継続性，歳入歳出決算との整合性，財産情報システムの

---

[5] 東京都監査委員会（2015）「平成27年定例監査報告書（平成26年度執行分）」（9月10日）。

残高と貸借対照表残高との整合性，物品管理システムの残高と貸借対照表残高との整合性ならびに，貸借対照表の科目別残高（財産に関する調書との突合，当期の増減の関係書類との照合，減価償却計算などの抽出確認），決算整理手続（各種引当金等）及び特異科目の検証」の各種確認を掲げている。

監査結果に関しては，「財務諸表については，監査を実施した範囲において，東京都会計基準に準拠して作成されているものと認められる」とした「会計基準への準拠性」が述べられている。具体的な監査委員からの意見として，建設仮勘定残高の未精算や法的義務のある将来の廃棄物処理費用の引当金の未計上への対応を検討すべきとしている。

なお，東京都では平成18（2006）年度から新公会計制度が導入され，比較的早期の段階（平成22（2010）年の定例監査報告書）では，資産の登録漏れや職員向け公会計研修・指導の拡充等が意見として記載されている。

❷ 大阪府の事例（財務書類の監査委員・議会への提出）

「大阪府財政運営基本条例」では，会計管理者が，財務諸表の作成の基準の制定・公表をし（条例第25条第2項），貸借対照表，行政コスト計算書等の財務諸表の作成をし知事に提出する（同条第1項）とともに，決算報告（地方自治法233条）の審査（監査）および議会の認定の際の参考に資するものとして，会計別の財務諸表（以下，「会計別財務諸表」という）およびその他規則で定める書類を監査委員および議会へ提出すること（条例第25条第3～4項）とし，府財政の透明化の確保を図ることとしている[6]。

❸ 包括外部監査として実施している自治体の事例

包括外部監査人は，監査対象団体の財務に関する事務の執行及び経営に係る事業の管理のうち自らが必要と認める「特定の事件」を監査するもの（地

---

[6] 大阪府ホームページ「大阪府財政運営基本条例」〈http://www.pref.osaka.lg.jp/zaisei/zaiseijourei/〉。

方自治法 252 条の 37）であるが，平成 29 年度末までに新基準による財務書類が作成されることを念頭に，「地方公会計制度において連結財務書類の対象となる団体等」（平成 27 年度北海道[7]），財政運営上市有施設の戦略的配置および資産の有効活用の推進が求められる「公有財産の管理に関する事務の執行」（平成 26 年度豊中市[8]）などをテーマとして少なからず取り上げてきている。また，公有財産にかかる同様のテーマのなかで当該自治体の統一基準の取組状況を確認したうえで「開示，進捗状況，人的体制などについて課題を指摘したもの」（平成 27 年度沖縄市[9]）等も見受けられた。

（3）財務書類に関する監査の実施時期と監査実施主体

統一基準により作成した財務書類等の作成時期は，財務書類が現行の官庁会計（現金主義会計）の補完（Q&A1-1）[10] としての位置づけであり，官庁会計での決算書類の提出とともに作成・公表し，「次年度予算編成への反映も含めた一層の活用を図るためには，例えば，決算年度の翌会計年度のおおむね 8 月末までの作成と，その後の検証を経て，9 月末までの公表といった対応が望ましい（Q&A1-3，傍点は筆者）」と総務省は示している。こうした考え方は，上述の大阪府財政運営基本条例などからも明らかなように，財務書類の有効活用の点から当然のこととして要請されるものと考えられる。

まず，財務書類等の作成であるが，総務省は「地方公共団体の事務負担や経費負担を軽減するため，標準的なソフトウェア開発などの支援策を講じ，特に相当部分が自動仕訳化するなど，作成作業の効率化を図っている[11]。な

---

[7] 北海道ホームページ「外部監査」〈http://www.pref.hokkaido.lg.jp/sm/gkk/gaibu.htm〉。

[8] 豊中市ホームページ「包括外部監査制度」〈https://www.city.toyonaka.osaka.jp/joho/kansa/gaibukansa.html〉。

[9] 那覇市ホームページ〈http://www.city.naha.okinawa.jp/kakuka/somu/kohonaha/backnumber/stuff/1667.2.pdf〉。

[10] 総務省（2016）「Q&A 集」1.1（「統一的な基準による地方公会計マニュアル」平成 28 年 5 月改訂）。以下の Q&A も同様。

[11] 総務省（2016）「地方公会計の活用のあり方に関する研究会　第 1 回　参考資料　統一的な基準による地方公会計の整備について」（平成 28 年 4 月 28 日）。

第4章
新地方公監査のポイントと新地方公会計のもとでの公監査のあり方

お，地方公共団体の決算・予算編成の作業スケジュール等は図表4-13のとおりであり，タイトなスケジュールであるが，財務書類の有効活用のためには早期作成・検証が求められる。

仕訳の検証精度が高くなり内部統制に寄与すること，より早期に財務書類の作成・開示が可能となること等から，日々仕訳が望ましい（「今後の新地方公会計の推進に関する研究会報告書」（平成26年4月30日公表，295段落））ものの，事務負担や経費負担等を考慮し，検証可能かつより細かい単位でフルコスト情報での分析可能を条件に期末一括仕訳によることも差し支えないとしている（上記研究会報告書，293，297段落）。なお，年次のほか月次や

■ 図表4-13　決算書類・財務書類等の作成時期と求められる予算編成の時期

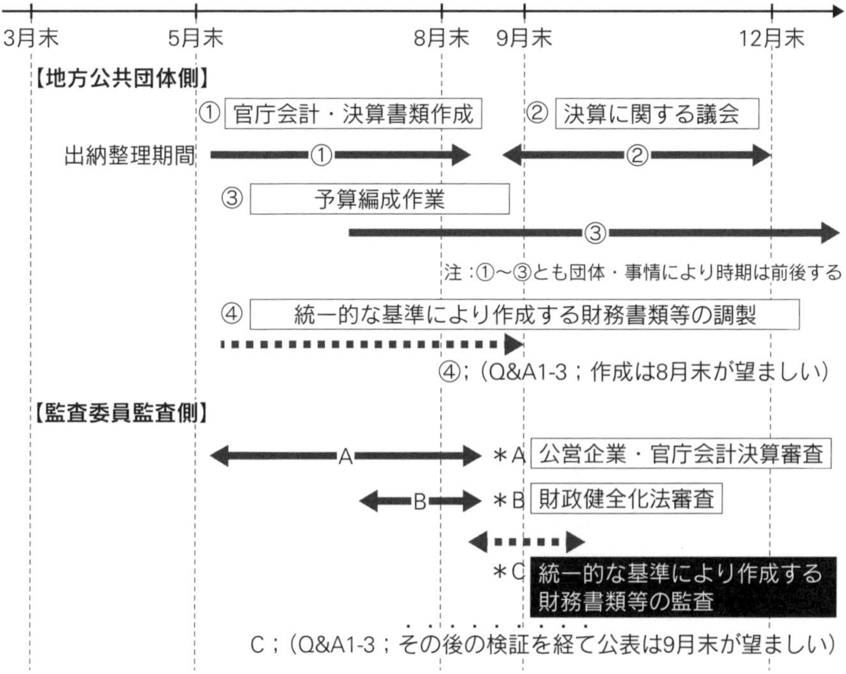

注：①～③とも団体・事情により時期は前後する。

出所：筆者作成。

四半期など一定の期間で仕訳処理を行い，財務書類等を作成することも可能とされている（Q&A2-3）。

　仮に，監査委員が統一基準による財務書類の監査を行うとした場合，期末一括仕訳を前提とすると，平成19年に導入された財政健全化法審査と重複する部分（たとえば，将来負担比率の構成要素内の審査など）はあるものの，当時から補助職員である監査委員事務局の人員体制は充実・拡充しておらず（全国都市監査委員会ホームページ「会員実態調査」[12]など参照），Q&Aが想定する時期までに「基準に沿って財務書類が作成されているかの検証」は厳しい状況と考えられる。また，包括外部監査では現行地方自治法が単年度契約により監査人が特定の事件を選定する制度となっていることから，たとえばある単年度に集中的に固定資産台帳整備や財務書類作成の一連の手続きも含めて「統一基準による財務書類全般」をテーマとして選定することは可能であるが，毎年度同時期に実施することは難しいと思われる。

（4）財務書類に関する公監査のあり方

　以上，統一基準による財務書類の公監査を実施するうえでの諸論点を考察してきた。地方自治体における財務書類の公監査のあり方は，公会計における統一基準が示されたものの，現時点では，総務省の支援による日々仕訳・期末一括仕訳方式の構築途上であり，また，さまざまなみなし規定を置いた開始貸借対照表の作成などの諸条件のもと，当該公監査においては何をどの程度検証するのか（保証水準，保証の類型等）は議論のあるところと思われる。第31次地方制度調査会で提唱されている自治体全体としての内部統制の構築方向のなか，監査委員，共同監査，外部監査のあり方など自治体監査の変容とともに注視していくことが必要と考える。

---

[12]　全国都市監査委員会（2016）「会員実態調査の集計結果」（10月時点）〈https://www.zenkan.jp/jittai/〉。

第 **5** 章

具体的な業績
（行政成果）公監査の
ケーススタディ

1. 地方自治法の改正検討項目 (平成28年10月27日) の監査要点

改正検討項目とその監査要点を示すと以下のとおりである。

(1) 長としての基本的な考え方

◆内部統制のあり方

①内部統制体制の整備及び運用の責任の所在

②評価及びコントロールの対象とすべきリスク

③内部統制体制の整備及び運用のあり方

④内部統制の制度化に当たっての留意点

⑤内部統制体制の整備及び運用の具体的な手続き等の制度化

〈 監査要点 〉

ここでは長の内部統制構築方針と具体的工程表の準拠性, 妥当性を検証する。

■地方公共団体の主な事務処理と「内部統制の目的」との関係

●法令関係事務　法令等

●予算関係事務　予算等

①法令遵守, ②業務の有効性, ③効率性

〈 監査要点 〉

ここでは長の内部統制手続の法令, 予算項目を分析・検証する。

■地方公共団体における内部統制制度案

●適正に事務を執行する義務

●体制を決定する権限および責任

●内部統制基本方針

- 内部統制体制の整備
- 内部統制体制の運用
- 内部統制状況評価報告書

(2) 内部統制の基本的な考え方

〈 監査要点 〉

ここでは内部統制構築のフレームを検証する。

■地方公共団体における内部統制基本方針（イメージ）

- ○○市における事務の執行の適正を確保するための体制（いわゆる内部統制体制）の整備および運用に関する基本方針

①財務事務執行リスクに対応するための体制

②○○市が選択するリスクに対応するための体制

③○○市独自のリスクに対応するための体制

④○○市長印を押印する

〈 監査要点 〉

ここでは内部統制構築の基本方針の準拠性，妥当性，合理性を検証する。

■地方公共団体における内部統制体制の評価項目（イメージ）

- ◆ 統制環境

①内部統制の目的を達成するに当たり，適切な権限および責任体制を構築する。

②内部統制の目的を達成するに当たり，内部統制に対する責任を各職員にもたせる。

- ◆ リスクの評価と対応

①全庁レベルでの財務事務執行リスクを識別・分析し，当該リスクの管理方法を決定する。

- 内部部局，支所および出張所ならびに区の事務所およびその出張所ごとの識別，評価

- 内部要因と外部要因の分析
- 識別したリスクの影響度の見積もり

②リスクの評価において，不正の可能性について検討する
- 財務事務執行において不正が起きるさまざまな場合の検討
- 財務事務執行における不正の動機とプレッシャーの検討
- 財務事務執行における不正の機会の評価

〈 監査要点 〉

ここでは地方公共団体において発生するであろうリスクのすべてを担当部局・者ごとにリストアップし，準拠性，3E リスクを評価・検証する。

①統制活動
②情報と伝達
③モニタリング
④ IT への対応

〈 監査要点 〉

ここでは内部統制の評価体制・手続と項目の準拠性，妥当性を検証する。

■内部統制状況評価報告書（イメージ）

◆内部統制状況評価報告書　部分

①財務事務執行リスクに対応するための体制
- 評価の基準日および評価手続
- 評価結果
- 評価後の改善状況

②○○市が選択するリスクに対応するための体制
③○○市独自のリスクに対応するための体制
④○○市長印を押印する

◆内部統制状況評価報告書にかかる監査意見　部分

第5章
具体的な業績（行政成果）公監査のケーススタディ

〇〇市監査委員〇〇　印

内部統制状況評価報告書について監査したので，次のとおり意見書を提出する。

1．監査の結果

2．監査の意見

《 監査要点 》

ここでは内部統制状況報告書の結果，意見の構成要素の準拠性，合理性を検証する。

■求められる監査基準（イメージ）

①監査の目的

②一般基準

③実施基準

④報告基準

《 監査要点 》

監査基準の構成内容の準拠性，合理性を検証する。監査基準の構成内容は6.を参照のこと。

2. 地方公共団体における内部統制制度の導入に関する報告書（平成26年4月地方公共団体における内部統制の整備・運用に関する検討会）の監査要点

（1）内部統制制度導入の必要性

①地方公共団体の役割

②地方公共団体における事務処理リスク

175

③企業における内部統制の取組みの進展

④地方公共団体における内部統制の取組みの現状と課題

⑤地方公共団体における内部統制制度の導入の必要性

〈 監査要点 〉

ここでは，内部統制導入の必要性，役割，意義を分析・検証する。

■地方公共団体における内部統制制度の具体的な設計案

◆ コンセプト

・内部統制体制の整備及び運用の責任の明確化

・取組みの段階的な発展

◆ 具体的な設計案

・最低限評価すべきリスク

・内部統制体制の整備及び運用に関する基本的な方針

①作成

②決定事項

1）必要的決定事項

2）任意的決定事項（選択・独自）

③公表

◆ 地方公共団体における内部統制体制の整備及び運用

・整備

①内部統制推進責任者の設置

②内部モニタリング責任者

③内部統制体制の整備モデル

・運用

（2）内部統制体制の責任者の機能

〈 監査要点 〉

ここでは，内部統制体制のなかでの各々の責任部局・責任者の機能の識別

の厳格性を検証する。

◆ 内部統制状況評価報告書
　①作成
　②監査委員による監査
　③議会に対する報告
　④公表

◆ 内部統制制度の導入により期待される効果
　①首長のマネジメントの強化
　②監査委員の役割の強化
　　監査委員による監査では，監査委員は，内部統制体制の整備および運用状況を監視する観点から，首長から提出された内部統制状況評価報告書について監査をすべきである。
　③議会及び住民による監視のための判断材料の提供
　④住民が行う選択の基盤

《 監査要点 》

　ここでは，内部統制制度の効果と監査委員監査の準拠性，妥当性を検証する。特に監査委員の識別している内部統制リスクの妥当性を検証する。

　また，発生したリスクについての監査委員の対応手続を検証する。対応手続の監査要点は 4. を参照のこと。

3. 内部統制による地方公共団体の組織マネジメント改革(平成21年3月「地方公共団体における内部統制のあり方に関する研究会」)

　研究会におけるリスク一覧は図表 5-1 のとおりである。

■ 図表 5-1　地方公共団体を取り巻くリスク一覧（イメージ）

業務の有効性および効率性	プロセス	資産の保全	資産管理
	人事管理		二重計上
	IT管理		不正確な金額による計上
	予算執行		計上漏れ
法令等の遵守	事件	経営体リスク（その他のリスク）	自然災害・事故
	書類・情報の管理		健康
	予算執行		生活環境
	契約・経理関係		社会活動
	過大計上		経済活動
	架空計上		その他
	過少計上		
財務報告の信頼性	計上漏れ		
	不正確な金額による計上		
	二重計上		
	分類誤りによる計上		

出所：総務省（2009）「内部統制による地方公共団体の組織マネジメント改革〜信頼される地方公共団体を目指して〜」地方公共団体における内部統制のあり方に関する研究会（3月）をもとに筆者作成。

　内部統制の目的は，業務の有効性および効率性，法令等の遵守，財務報告の信頼性，資産の保全，にあり，地方自治運営の基本原則の1つである VFM（Value for Money：税金支出の価値）の視点，すなわち，「最小の経費で最大の効果を挙げる」ことに資する。

〈 監査要点 〉

　ここでは，イメージによって当該団体のリスク類型を網羅するための手続，進め方，工程表の考え方（基本方針）の準拠性，妥当性を検証する。

　特に，法規準拠性のみでなく，効率性，有効性の観点でリスクを評価・検証する。

第5章
具体的な業績（行政成果）公監査のケーススタディ

4. 地方公共団体を取り巻くリスク

（1）リスク例と監査要点

地方公共団体のリスクに対する監査要点を，「地方公共団体における内部統制のあり方に関する研究会「内部統制による地方公共団体の組織マネジメント改革」」（平成21年3月）に掲げられたリスク項目をもとに筆者が監査要点の事例を示すと図表5-2のとおりとなる。

■ 図表5-2　リスク例（1）

	地方公共団体を取り巻くリスク	監査要点
業務の有効性・効率性	**プロセス** 1 不十分な引継ぎ	不正の兆候
	2 説明責任の欠如	不正の兆候
	3 進捗管理の未実施	不正・誤謬の漏れ，有効性欠如
	4 情報の隠ぺい	不正の兆候，有効性欠如
	5 業務上の出力ミス	誤謬の漏れ，効率性欠如
	6 郵送時の手続ミス	誤謬の漏れ
	7 郵送時の相手先誤り	誤謬の漏れ
	8 意思決定プロセスの無視	不正の兆候，有効性欠如
	9 事前調査の未実施	効率性欠如，有効性欠如
	10 職員間トラブル	不正の兆候，効率性欠如
	11 受託業者トラブル	不正の兆候，効率性欠如
	人事管理 12 硬直的な人事管理	効率性欠如，有効性欠如
	IT管理 13 システムダウン	効率性欠如
	14 コンピュータウィルス感染	効率性欠如，有効性欠如
	15 ブラックボックス化	有効性欠如
	16 ホームページへの不正書き込み	有効性欠如
	予算執行 17 予算消化のための経費支出	不正の兆候，効率性欠如
	18 不適切な契約内容による業務委託	不正の兆候，有効性欠如

出所：総務省（2009）「内部統制による地方公共団体の組織マネジメント改革～信頼される地方公共団体を目指して～」地方公共団体における内部統制のあり方に関する研究会（平成21年3月）をもとに筆者作成。

179

《 監査要点 》

ここでは，業務の有効性，効率性の欠陥の比重を分析・検証する（図表5-2）。

特に，意思決定のプロセス，予算執行の3E的観点の識別と厳格な適用性を検証する。

■ 図表5-3　リスク例（2）

	地方公共団体を取り巻くリスク	監査要点
法令等の遵守	**事件** 19 職員等の不祥事（勤務外） 20 職員等の不祥事（勤務中） 21 不正請求 22 不当要求 23 セクハラ・パワハラ	効率性欠如，有効性欠如 効率性欠如，有効性欠如 不正の兆候 効率性欠如 効率性欠如
	書類・情報の管理 24 書類の偽造 25 書類の隠ぺい 26 証明書の発行時における人違い 27 証明書の発行種類の誤り 28 なりすまし 29 個人情報の漏えい・紛失 30 機密情報の漏えい・紛失 31 不正アクセス 32 ソフトの不正使用・コピー 33 違法建築物の放置	不正の兆候，粉飾の兆候 不正の兆候，粉飾の兆候 誤謬の漏れ，効率性欠如 誤謬の漏れ，効率性欠如 不正の兆候 不正の兆候 不正の兆候，有効性欠如 不正の兆候，有効性欠如 不正の兆候 効率性欠如，有効性欠如
	予算執行 34 勤務時間の過大報告 35 カラ出張 36 不必要な出張の実施	不正の兆候 不正の兆候 不正の兆候
	契約・経理関係 37 収賄 38 横領 39 契約金額と相違する支払 40 不適切な価格での契約	不正の兆候 不正の兆候 不正の兆候 不正の兆候，効率性欠如
	過大・架空・過少計上 41 過大徴収 42 架空受入 43 過少徴収	効率性欠如 不正の兆候 不正の兆候，効率性欠如

出所：総務省（2009）「内部統制による地方公共団体の組織マネジメント改革～信頼される地方公共団体を目指して～」地方公共団体における内部統制のあり方に関する研究会（平成21年3月）をもとに筆者作成。

第5章

具体的な業績（行政成果）公監査のケーススタディ

〈 監査要点 〉

ここでは，すべての事象についての法規準拠性の観点で検証する（図表5-3）。

特に，不正の兆候の発見手続を検証する。

■ 図表5-4　リスク例（3）

	地方公共団体を取り巻くリスク	監査要点
財務報告の信頼性	**計上漏れ** 44　検収漏れ	粉飾の兆候
	不正確な金額による計上 45　財務データ改ざん 46　支払誤り 47　過大入力 48　過少入力 49　システムによる計算の誤り	粉飾の兆候 不正の兆候，効率性欠如 粉飾の兆候，効率性欠如 粉飾の兆候，効率性欠如 不正の兆候，正確性欠如
	二重計上 50　データの二重入力 51　二重の納品処理	不正の兆候，効率性欠如 効率性欠如，正確性欠如
	分類誤りによる計上 52　受入内容のミス 53　システムへの科目入力ミス 54　科目の不正変更	効率性欠如，正確性欠如 効率性欠如，正確性欠如 粉飾の兆候，不正の兆候

出所：総務省（2009）「内部統制による地方公共団体の組織マネジメント改革〜信頼される地方公共団体を目指して〜」地方公共団体における内部統制のあり方に関する研究会（平成21年3月）をもとに筆者作成。

〈 監査要点 〉

ここでは，財務報告書の粉飾（利益・純資産過大），逆粉飾決算（利益・純資産過小），不正誤謬による欠陥の兆候の察知手続を検証する（図表5-4）。

特に，会計基準準拠性の厳格準拠を検証する。

181

■ 図表 5-5　リスク例（4）

地方公共団体を取り巻くリスク		監査要点
資産の保全	**資産管理**	
	55　不十分な資産管理	粉飾の兆候，正確性欠如
	56　固定資産の非有効活用	効率性欠如
	57　無形固定資産の不適切な管理	効率性欠如
	58　不適切な不用決定	不正の兆候
	59　耐震基準不足	有効性欠如
	60　現金の紛失	不正の兆候，正確性欠如
	二重計上	
	61　二重記録	粉飾の兆候
	62　二重発注	効率性欠如
	不正確な金額による計上	
	63　発注価額の誤り	効率性欠如，正確性欠如
	64　固定資産の処分金額の誤り	不正の兆候，正確性欠如
	計上漏れ	
	65　固定資産の処分処理の漏れ	粉飾の兆候，正確性欠如
	66　固定資産の登録処理の漏れ	不正の兆候，正確性欠如

出所：総務省（2009）「内部統制による地方公共団体の組織マネジメント改革〜信頼される地方公共団体を目指して〜」地方公共団体における内部統制のあり方に関する研究会（平成 21 年 3 月）をもとに筆者作成。

〈 監査要点 〉

　ここでは，資産の現場管理状況の監視，処理体制を検証する（図表 5-5）。特に，会計基準準拠性の厳格準拠を検証する。

第5章
具体的な業績（行政成果）公監査のケーススタディ

■ 図表5-6　リスク例（5）

地方公共団体を取り巻くリスク	監査要点
自然災害・事故 67　地震・風水害・地盤沈下・停電 68　渇水 69　火災 70　NBC災害 71　放火 72　公共施設建築現場における事故 73　公営住宅の老朽化等に伴う事故 74　医療施設における事故 75　公共施設における事故 76　主催イベント時の事故	リスク管理の迅速性 〃 〃 〃 〃 〃 〃 〃 〃 〃
健康 77　感染症 78　食中毒 79　不審物による被害 80　医療事故 81　院内感染	リスク管理の迅速性 〃 〃 〃 〃
生活環境 82　公害発生 83　産業廃棄物の不法投棄 84　公共施設内のアスベスト被害 85　水質事故	有効性欠如 不正の兆候 有効性欠如 リスク管理の迅速性
社会活動 86　児童・生徒に対する危害 87　施設開放時の事故 88　児童虐待 89　教育施設への不審者の侵入	リスク管理の迅速性 〃 〃 〃
経済活動 90　財政破たん 91　指定金融機関の破たん 92　家畜伝染病の発生	粉飾の兆候，不正の兆候 リスク管理の迅速性 〃
その他 93　首長の不在 94　管理職又は担当者の不在 95　庁舎内来訪者の被害 96　訪問先でのトラブル 97　職員と住民間トラブル 98　マスコミ対応 99　増大する救急出動 100　広域的救急医療事案の発生 101　テロ発生	リスク管理の迅速性 〃 〃 不正の兆候 不正の兆候 リスク管理の迅速性 〃 〃 〃

経営体のリスク（その他リスク）

出所：総務省（2009）「内部統制による地方公共団体の組織マネジメント改革〜信頼される地方公共団体を目指して〜」地方公共団体における内部統制のあり方に関する研究会（平成21年3月）をもとに筆者作成。

《 監査要点 》

　ここでは，地方公共団体で発生する可能性リスクの網羅性を検証する（図表 5-6）。

(2) リスクと監査手続例

　地方公共団体のリスクに対する監査手続例を 4. と同様に「地方公共団体における内部統制のあり方に関する研究会「内部統制による地方公共団体の組織マネジメント改革」」（平成 21 年 3 月）に掲げられたリスクに対応する監査手続を筆者が加筆し，その事例を示すと図表 5-7 のとおりとなる。

■ 図表 5-7　リスクに対応した監査手続例

	地方公共団体を取り巻くリスク	監査手続例
業務の有効性・効率性	**プロセス** 1　不十分な引継ぎ 2　説明責任の欠如 3　進捗管理の未実施 4　情報の隠ぺい 5　業務上の出力ミス 6　郵送時の手続ミス 7　郵送時の相手先誤り 8　意思決定プロセスの無視 9　事前調査の未実施 10　職員間トラブル 11　受託業者トラブル	①プロセスの監査要点は，手続規程のリスク要因を検証する。 ②プロセス担当者の担当責任水準を検証する。 ③過去のリスク発生事象を検証する。
	人事管理 12　硬直的な人事管理	①人事管理上の不満を収集する。 ②人事考課の公平性を検証する。
	IT管理 13　システムダウン 14　コンピュータウィルス感染 15　ブラックボックス化 16　ホームページへの不正書き込み	①システムのセキュリティ上のリスク要因を検証する。 ②IT環境上の不正事象例を検証する。
	予算執行 17　予算消化のための経費支出 18　不適切な契約内容による業務委託	①予算支出の目的合致性を検証する。 ②長期契約先を検証する。

第5章

具体的な業績（行政成果）公監査のケーススタディ

	地方公共団体を取り巻くリスク	監査手続例
法令等の遵守	**事件** 19 職員等の不祥事（勤務外） 20 職員等の不祥事（勤務中） 21 不正請求 22 不当要求 23 セクハラ・パワハラ	①勤務評定・実績報告書を検証する。 ②不正・不当事象例を検証する。 ③ハラスメント・ケースを検証する。
	書類・情報の管理 24 書類の偽造 25 書類の隠ぺい 26 証明書の発行時における人違い 27 証明書の発行種類の誤り 28 なりすまし 29 個人情報の漏えい・紛失 30 機密情報の漏えい・紛失 31 不正アクセス 32 ソフトの不正使用・コピー 33 違法建築物の放置	①書類・資料の正贋を検証する。 ②書類給付等の手続を検証する。 ③機密情報の漏えい防止手続を検証する。 ④不正ソフトの可能性リスクを分析・検証する。
	予算執行 34 勤務時間の過大報告 35 カラ出張 36 不必要な出張の実施	①出張管理手続を検証する。 ②出張精算書を検証する。
	契約・経理関係 37 収賄 38 横領 39 契約金額と相違する支払 40 不適切な価格での契約	①不正・違法行為の可能性リスクを分析・検証する。 ②取引証憑書類を精査する。
	過大・架空・過少計上 41 過大徴収 42 架空受入 43 過少徴収	①取引計上根拠を分析・検証する。 ②取引実施を分析・検証する。 ③取引実態を分析・検証する。
財務報告の信頼性	**計上漏れ** 44 検収漏れ	①検収手続の合理性を検証する。
	不正確な金額による計上 45 財務データ改ざん 46 支払誤り 47 過大入力 48 過少入力 49 システムによる計算の誤り	①財務データの作成手続を分析・検証する。 ②入力システムの手続過程を分析・検証する。
	二重計上 50 データの二重入力 51 二重の納品処理	①データ入力手続の管理システムを分析・検証する。 ②入力の処理能力水準を検証する。

185

	地方公共団体を取り巻くリスク	監査手続例
財務報告の信頼性	**分類誤りによる計上** 52 受入内容のミス 53 システムへの科目入力ミス 54 科目の不正変更	①財務計算手続の正確性を分析・検証する。 ②財務計算の統制手続を検証する
資産の保全	**資産管理** 55 不十分な資産管理 56 固定資産の非有効活用 57 無形固定資産の不適切な管理 58 不適切な不用決定 59 耐震基準不足 60 現金の紛失	①資産の実在性を検証する。 ②実地棚卸手続の管理手続を検証する。 ③不正発生の兆候，摘発手続を分析・検証する。
	二重計上 61 二重記録 62 二重発注	①計上手続の水準を検証する。 ②発注手続の統制手続を検証する。
	不正確な金額による計上 63 発注価額の誤り 64 固定資産の処分金額の誤り	①発注手続の統制手続を検証する。 ②計算処理の統制手続を検証する。
	計上漏れ 65 固定資産の処分処理の漏れ 66 固定資産の登録処理の漏れ	①固定資産管理手続の統制手続を検証する。
経営体のリスク（その他リスク）	**自然災害・事故** 67 地震・風水害・地盤沈下・停電 68 渇水 69 火災 70 NBC災害 71 放火 72 公共施設建築現場における事故 73 公営住宅の老朽化等に伴う事故 74 医療施設における事故 75 公共施設における事故 76 主催イベント時の事故	①災害発生時対応手続を分析・検証する。 ②事故防止の管理手続を分析・検証する。 ③事故発生リスク等の対応管理手続を検証する。
	健康 77 感染症 78 食中毒 79 不審物による被害 80 医療事故 81 院内感染	①健康被害防止手続を分析・検証する。 ②医療事故即時対応手続を検証する。
	生活環境 82 公害発生 83 産業廃棄物の不法投棄	①公害発生リスクの分析手続を検証する。 ②事故発生即時対応手続を検証する。

	地方公共団体を取り巻くリスク	監査手続例
経営体のリスク（その他リスク）	84 公共施設内のアスベスト被害 85 水質事故	
	社会活動 86 児童・生徒に対する危害 87 施設開放時の事故 88 児童虐待 89 教育施設への不審者の侵入	①社会活動被害防止プログラムを分析・検証する。 ②事故発生即時対応手続を検証する。
	経済活動 90 財政破たん 91 指定金融機関の破たん 92 家畜伝染病の発生	①財政破たん予知手続を分析・検証する。 ②財政破たん対応手続を分析・検証する。
	その他 93 首長の不在 94 管理職又は担当者の不在 95 庁舎内来訪者の被害 96 訪問先でのトラブル 97 職員と住民間トラブル 98 マスコミ対応 99 増大する救急出動 100 広域的救急医療事案の発生 101 テロ発生	①執行者不在等の対応手続を検証する。 ②トラブル防止手続を分析・検証する。 ③トラブル発生等即時対応手続を分析・検証する。

出所：総務省（2009）「内部統制による地方公共団体の組織マネジメント改革～信頼される地方公共団体を目指して～」地方公共団体における内部統制のあり方に関する研究会（平成21年3月）をもとに筆者作成。

5. 連邦政府IC（内部統制）原則（2014.9版）の監査要点・監査手続例

アメリカ連邦政府内部統制原則に関する監査要点と監査手続例を参考として示すと図表5-8のとおりとなる。

■ 図表5-8　内部統制原則に対応した監査要点と監査手続例

	連邦政府IC（内部統制）原則	①監査要点と②監査手続例
1	監視機関とマネジメントの誠実性と倫理価値的な実行の明示	①準拠性，倫理性 ②マネジメント方針の妥当性を検証する。

	連邦政府IC（内部統制）原則	①監査要点と②監査手続例
2	監視機関のICシステムの監視責任の履行	①有効性，準拠性 ②ICシステムのリスク発生手続を検証する。
3	マネジメントの組織，責任，権限の構築	①準拠性，有効性 ②マネジメントの責任・権限の識別度を検証する。
4	マネジメントの権限の実行の明示	①準拠性，効率性，有効性 ②マネジメントの実行プロセスを分析する。
5	マネジメントのICアカウンタビリティの執行	①準拠性，有効性，妥当性 ②ICアカウンタビリティの識別度を分析する。
6	マネジメントの目的とリスクの明確性	①準拠性，妥当性，有効性 ②マネジメントの目的とリスクの連動性を分析する。
7	マネジメントのリスクの定義・分析とリスク対応	①準拠性，正確性，有効性 ②リスク分析の準拠性を検証する。
8	マネジメントの不正リスクの評価	①準拠性，有効性 ②不正リスクの評価手続を分析する。
9	マネジメントのICシステムの主要な変更の分析	①準拠性，有効性 ②ICシステムの統制上の弱点を分析する。
10	マネジメントのリスクの統制活動のデザイン	①準拠性，有効性 ②統制活動の構成要素を分析する。
11	マネジメントのリスク対応の情報システム活動のデザイン	①準拠性，有効性 ②情報システムの構成とリスク要因を分析する。
12	マネジメントの統制活動の実行	①準拠性，効率性，有効性 ②統制活動の実行プロセスを分析・検証する。
13	マネジメントの良質情報の利用	①準拠性，有効性 ②情報の良質性の判定プロセスを検証する。
14	マネジメントの内部的伝達	①準拠性，有効性，正確性 ②内部伝達・コミュニケーション技法を検証する。
15	マネジメントの外部的伝達	①効率性，正確性 ②外部伝達・コミュニケーション技法を検証する。

	連邦政府IC（内部統制）原則	①監査要点と②監査手続例
16	マネジメントのモニタリング活動の実行	①効率性，有効性，正確性 ②モニタリング活動方針・プロセスの合理性を検証する。
17	マネジメントのICの問題点の識別と欠陥の矯正	①正確性，準拠性，有効性 ②IC環境とシステムの準拠性・有効性を分析する。

出所：GAO, Standards for Internal Control in the Federal Government, September 2014.

6. 新地方公会計統一基準の財務書類の監査要点

財務書類の監査要点を例示すると図表5-9のとおりとなる。

■ 図表5-9　財務書類の監査要点

監査項目	監査要点・手続・証拠
I　総論	
1.　報告書概要 　(1)　財務書類の整備 　　①　体系 　　②　内容 　(2)　固定資産台帳の整備 　　①　意義・目的 　　②　具体的方法 　(3)　複式簿記の導入 　　①　意義・目的 　　　(イ)　一覧性の開示 　　　(ロ)　検証可能性 　　　(ハ)　事業別・施設別フルコスト 　　②　具体的方法	・体系の理解可能性・関連性 ・評価基準の識別性・評価の要件性 ・台帳の正確性・精密性 ・作成手続の合理性 ・複式簿記の理解 ・理解可能性 ・監査可能性 ・事業別発生コスト情報
2.　整備促進 　(1)　発生主義・複式簿記 　(2)　ICTの活用と固定資産台帳 　(3)　比較可能性 　(4)　工程表（H30.3月末）	・機能の識別性 ・合理性・効率性 ・実践可能性 ・工程表の安定性 ・詳細日程の確認の合理性 ・進捗管理の妥当性

監査項目	監査要点・手続・証拠
3. 地方公会計の意義	
(1) 説明責任の履行	• パブリックアカウンタビリティの識別可能性
(2) 財政の効率化・適正化	• 3E的観点の合理性 • 行政評価手法の適切性 • 資産債務管理，予算編成の適応可能性
(3) 現金主義の補完	• 発生主義の識別可能性
(4) 効果	
① 発生主義行政コスト	• 減価償却計算の精確性 • 引当金計算の精確性
② ストック一覧比較	
4. 地方公会計マニュアル	• 基準性の識別 • 準拠性の確保の合理性 • 基準等の連関の識別可能性 • Q&Aの追加の合理性
5. 作成プロセス	• 過年度処理との相違の合理性
6. 地方公会計整備の意義	• 発生主義の識別可能性 • ストック・フロー情報の全体性の識別可能性 • ストック・フロー情報の一覧性 • 住民への開示の説得性 • 議会への開示の合理性 • マネジメント強化の合理性 • 財政の効率性・適正性
7. 基準性	• 標準的基準の識別可能性 • 比較可能性・理解可能性，活用性 • 資産評価基準・様式の統一性 • 創意工夫性
8. 報告主体	• 一般会計の範囲の妥当性 • 全体財務書類の妥当性 • 連結財務書類の妥当性 • 連結対象団体の妥当性 • 対象要件の正確性 • 連結外しの可能性
9. 情報利用者とニーズ	
(1) 住民	
① 世代間の公平性	• 世代間負担の公平性の理解可能性
② 行政サービスの効率性	• コスト効率性・コスト有効性
③ 投票の意思決定の適切性	• 有効性の評価可能性

第5章
具体的な業績（行政成果）公監査のケーススタディ

監査項目	監査要点・手続・証拠
(2) 投資者	• 財政の持続可能性
(3) 首長	• 予算の適切性
(4) 議員	• 財政の3Eの実施可能性
(5) 国	• 補助金等の準拠性
(6) 格付機関	• 財政の健全性
10. 財務書類の作成目的	
(1) 説明責任の履行	• 情報の有用性
(2) マネジメント強化	• 財政の効率性・適正性の識別可能性
(3) 情報提供	
① 財政状態	• 健全性
② 発生費用と収益	• 正確性・期間対応性
③ 純資産の変動	• 明確性
④ 資金収支	• 効率性
11. 構成要素	
(1) 資産	• 実在性
(2) 負債	• 網羅性
(3) 純資産	• 明確性
(4) 費用	• 正確性
(5) 収益	• 確定性
(6) その他の純資産減少原因	• 明確性
(7) 財源・その他の純資産増加原因	• 明確性
12. 構成要素の認識・測定	
(1) 認識	• 年度帰属性
(2) 測定	• 計算の正確性
13. 財務業績	
(1) 経常的な費用	• 発生主義・期間帰属性
(2) 税収等の財源	• 財源の対応性・受益者負担性
(3) 固定資産・純資産の増減	• 純資産の増減原因
14. 財務書類の体系	• 財務書類の連関性
	• 3・4表形式性
	• 純行政コストとの対応性
	• 固定資産増減の純資産対応性
15. 財務書類の作成	
(1) 作成単位	• 対象団体判定・連結要件性
(2) 会計処理	• 誘導法・詳細性
(3) 作成基準日	• 3月31日基準日性
	• 出納整理期間と期間中の増減
(4) 表示単位	• 百万円か千円単位

191

監査項目	監査要点・手続・証拠
(5)　作成手順	• 合算計算の正確性
	• 相殺消去の適切性
(6)　科目の追加	• 理由の合理性
(7)　公表形式	• 地方公会計標準ソフトの利用性
Ⅱ　貸借対照表	
1.　総則	
(1)　行政目的別	• 行政目的別分類の適切性
(2)　附属明細書	• 明細書の正確性・合目的性
(3)　固定性配列法	• 配列法の適切性
(4)　1年基準	• 適合性・正確性
2.　資産	
(1)　評価基準	
①　特定の時期	• 昭和59年以前取得分
②　取得原価	• 取得原価の適正性・計算の合理性
③　再調達原価	• 再調達原価の正確性・評価合理性
④　備忘価額	• 1円勘定の適切性
⑤　再評価	• 必要性・評価の合理性
⑥　取得原価不明	• 不明の合理性・適切性
⑦　基準モデル等	• 合理性と客観性
(2)　減価償却	
①　耐用年数	• 要領の適応性・正確性
②　使用可能年数	• 特別の理由の妥当性
③　中途取得	• 日割・月割・年割の正確性
④　減価償却累計額	• 控除表示等の適切性
(3)　分類表示	• 適切性
(4)　価額の算定	
①　付随費用	• 引取費用計算の適切性
②　修繕費	• 費用性・資本的支出性
③　資本的支出	• 資産性・費用性
④　決算統計数値	• 適用要件性
(5)　インフラ資産	
①　インフラ資産の科目	• 該当性・分類性
②　減価償却方法	• 注記の必要性
③　開始B／S	• 判明時取得原価の合理性
④　取得原価	• 不明時再調達価額の合理性
⑤　道路等	• 不明時備忘価額1円
⑥　適正な対価の支払なし	• 再調達原価の適切性
⑦　物品の50万円以上	• 資産計上の正確性
⑧　事業用資産・インフラ資産の区分	• 区分表の明確性

第5章
具体的な業績（行政成果）公監査のケーススタディ

監査項目	監査要点・手続・証拠
(6) 固定資産関連事項	
① 新判明固定資産	• 純資産変動計算書計上合理性
② 個別資産評価	• 異なる方法の妥当性
③ 売却可能資産	• 実情性・評価の合理性
(7) 流動資産	
① 現金	• 現金等価物性
② 未収金	• 現年調定現年収入未済性
③ 短期貸付金	• 償還期限の合理性
④ 基金	• 財政調整基金・減債基金の適切性
⑤ 棚卸資産	• 低価法の正確性・正味実現可能価額の正確性
⑥ 徴収不能引当金	• 徴収不能実績率の適正性
3. 負債	
① 地方債	• 1年基準の適用可能性
② 長期未払金	• 確定債務性
③ 退職手当引当金	• 期末要支給額計算の正確性
④ 臨時財政対策債	• 現在高注記の適切性
⑤ 損失補償等引当金	• 将来負担額の確定性
	• 確定債務性
⑥ 賞与等引当金	• 計上基準・方法の適切性
⑦ 預り金	• 見返り負債性
4. 純資産表示	
① 固定資産等形成分	• 資源蓄積の明確性
② 余剰分（不足分）	• 費消可能性
5. 附属明細書	
① 有形固定資産	• 行政目的別明細の合理性
② 負債	• 借入先別明細の合理性
Ⅲ 行政コスト計算書	
(1) 行政コスト及び純資産変動計算書	• 結合計算書の明確性
(2) 費用・収益	• 総額表示の適切性
(3) 行政目的別行政コスト	• 附属明細書の適切性
(4) 経常費用	• 業務費用・移転費用の区分性
(5) 人件費	• 給与費等の正確性
(6) 物件費等	• 消費的性質の妥当性
	• 維持補修費の合理性
(7) その他の業務費用	• 支払利息の正確性
(8) 移転費用	• 補助金・社会保障給付・他会計への繰出金の妥当性
(9) 経常収益	• 使用料・手数料の対価性

193

監査項目	監査要点・手続・証拠
(10) 臨時損失	• 災害復旧事業費・資産除売却損等の妥当性
(11) 臨時利益	• 資産売却益等の収益性
Ⅳ 純資産変動計算書	
(1) 純資産変動	• 純行政コスト・財源・固定資産等の変動等の区分の合理性
(2) 財源	• 税収等・国県等補助金の区分の合理性
(3) 固定資産等の変動	• 増加・減少の妥当性
(4) 財源情報	• フロー財源情報の妥当性
(5) 財源の明細表	• 一般・特別会計の区分の妥当性 • 税収・補助金の妥当性
(6) 支出フロー財源情報	• 表示区分の適切性
Ⅴ 資金収支計算書	
(1) 分類表示	• 業務・投資・財務活動収支の区分妥当性
(2) 歳計外現金	• 資金範囲の妥当性
(3) 欄外注記	• 会計年度末現金預金残高等の区分表示の妥当性
(4) 業務活動収支	
① 業務支出	• 業務・移転費用支出の区分妥当性
② 業務収入	• 税収等・国県等補助金収入の区分妥当性
③ 臨時支出・収入	• 区分妥当性
(5) 投資活動収支	• 公共施設等整備費支出等の区分妥当性
(6) 財務活動収支	• 地方債償還支出・発行収入等の区分妥当性
(7) 分担金・負担金	• 業務・投資活動の区分表示の妥当性
Ⅵ 注記	
(1) 主要な会計方針	• 注記の妥当性
(2) 主要な会計方針の変更	• 注記の妥当性
(3) 主要な後発事象	• 注記の妥当性
(4) 偶発債務	• 注記の妥当性
(5) 追加情報	• 追加情報の適切性 • 出納整理期間の適切性 • 売却可能資産の適切性 • 既存の決算情報との関連性

第5章 具体的な業績（行政成果）公監査のケーススタディ

監査項目	監査要点・手続・証拠
VII　固定資産台帳	
(1)　記載項目	・網羅性・精密性・継続的記録性
(2)　公有財産台帳等	・台帳間の整合性
(3)　記載単位	・1単位の妥当性
	・勘定科目，取得価額等の適切性
(4)　公共施設マネジメント	・活用対応の適切性
(5)　開始時の例外	・計算精緻化の妥当性
(6)　記載項目	・基本・追加項目の妥当性
(7)　整備手順・期間	・作成までのプロセスの妥当性
(8)　整備後の管理手順	・棚卸（現物確認）の妥当性
	・日々・期末一括仕訳時の妥当性
(9)　庁内体制整備	・推進パターンの妥当性
(10)　固定資産台帳管理の流れ	・管理の妥当性と適時性
VIII　複式簿記	
(1)　導入意義	・検証可能性・財務書類の正確性
(2)　帳簿体系	・B／Sと固定資産台帳の相互検証可能性
(3)　事業別・施設別	・フルコスト情報の正確性
(4)　日々・期末一括・期末一括（簡便）	・伝票単位・予算科目単位の妥当性
IX　活用方策	
(1)　マネジメント目的	・マクロ・ミクロ活用の妥当性
	・目標設定の妥当性
	・資産管理の妥当性
	・セグメント分析の妥当性
(2)　行政外部目的	・情報開示の妥当性
(3)　システム整備	・事務負担能力の妥当性
	・体制（人）とコストの妥当性
	・一元化システムの妥当性
X　連結財務書類	
(1)　連結対象	・対象範囲の妥当性
(2)　決算日	・相違の調整の妥当性
(3)　会計処理基準の相違	・相違の調整の合理性
(4)　連結ロードマップ	・全体的スケジュールの妥当性
(5)　全部・比例連結	・対象範囲基準適応の妥当性
(6)　地方公営事業会計	・組替の正確性
	・法非適用の特例性

195

監査項目	監査要点・手続・証拠
XI　支援策	
(1)　マニュアルの公表	• 適応可能性
(2)　システムの提供	• 適応可能性 • 地方公会計標準ソフトの適応性
(3)　財政支援	• 利用可能性
(4)　人材育成支援	• 利用可能性
(5)　特別交付税措置	• 利用可能性

出所：総務省（2016）「統一的な基準による地方公会計マニュアル（平成28年5月改訂）」ほかをもとに筆者作成。

7. 主要な財政指標の監査要点

　総務省資料の主要な財政指標に対する監査要点を示すと図表5-10のとおりである。

■ **図表5-10　算出された財政指標と監査要点**

財務書類等	財政指標	指標の説明	監査要点
貸借対照表	純資産比率	将来世代と現世代の間の負担割合の変動 純資産の減少…現世代が将来世代にとっても利用可能であった資源を費消して便益を享受する一方で，将来世代に負担が先送りされている。 純資産の増加…現世代が自らの負担によって将来世代も利用可能な資源を蓄積している。	①世代間の公平性，将来世代の負担増を検証 ②現世代の負担と利用の公平性を検証
	住民1人当たり資産額および負債額	資産額および負債額を住民基本台帳人口で除して住民1人当たり資産額および負債額とすることにより，住民等にとってわかりやすい情報となるとともに，他団体との比較が容易となる。	①1人当たり資産額と行政サービスの合理性を検証 ②1人当たり負債額の妥当性を検証
	有形固定資産減価償却率	有形固定資産のうち，償却資産の取得価額等に対する減価償却累計額の割合。耐用年数に対して資産の取得からどの程度経過しているのかを全体として把握することができる。	①資産老朽化の水準を識別と検証 ②更新の優先性を識別

196

行政コスト計算書	受益者負担の割合	行政コスト計算書の経常収益は，使用料・手数料など行政サービスに係る受益者負担の金額。経常費用と比較することにより，行政サービスの提供に対する受益者負担の割合を算出する。	①行政サービスコストの計算正確性を分析検証 ②受益者負担の水準と公平性を検証
	住民1人当たり行政コスト	行政コストを住民基本台帳人口で除して住民1人当たり行政コストとすることにより，地方公共団体の行政活動の効率性を測定する。また，類似団体と比較することで，当該団体の効率性の度合いを評価する。	①行政コスト算出の妥当性・正確性の検証 ②行政の効率化を高める方策・方針を検証
貸借対照表と資金収支計算書	債務償還可能年数	実質債務（地方債残高等から充当可能基金を控除した債務）が償還財源上限額（資金収支計算書における業務活動収支の黒字分（臨時収支分を除く））の何年分あるかを示す指標。 債務償還可能年数が短い…債務償還能力が高い。 債務償還可能年数が長い…債務償還能力が低い。	①実質債務の計算正確性・網羅性を検証 ②償還能力水準の妥当性を検証
財政指標の組み合わせ	有形固定資産減価償却率と将来負担比率	将来負担比率と有形固定資産減価償却率を組み合わせて分析することにより，老朽化対策の先送りという将来負担をより総合的に捉えることができる。 必要な公共施設等の更新を実施せずに投資的経費を単純に抑制すれば，将来負担比率は改善（低下）するが，有形固定資産減価償却率は悪化（上昇）するため，老朽化対策の先送りという将来負担が潜在している可能性が判明する。	①将来負担比率，有形固定資産減価償却率の分母・分子の正確性の検証 ②老朽化の先送り防止のための財政方針を検証

出所：総務省（2016）「統一的な基準による地方公会計マニュアル（平成28年5月改訂）」ほかをもとに筆者作成。

第 **6** 章

公監査の基礎構造

1. パブリックアカウンタビリティ

地方公共団体に求められるパブリックアカウンタビリティ（公的説明責任）は図表6-1のとおりである。

地方公共団体の市民・納税者等のステークホルダーに対して業績（行政成果）全般の報告書を作成し開示しなければならないが，これら財務・非財務の報告書の適正性を法規準拠性業績（行政成果）その他の公監査が行われることによりパブリックアカウンタビリティ（公的説明責任）が履行される。

■ 図表6-1　パブリックアカウンタビリティチェーンの履行

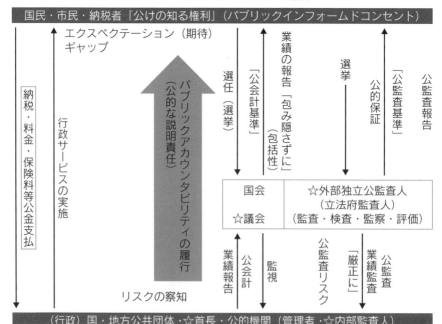

出所：鈴木豊（2014）「第31次地方制度調査会 第7回専門小委員会説明資料 資料1 地方公共団体の公監査制度の構築の論点」（平成26年9月9日）。

2. 行政マネジメントと公会計・公監査

　地方公共団体の完全な包括的な行政マネジメントと公会計・公監査の連関図は図表 6-2 のとおりである。

　完全な行政マネジメントプロセスと呼ばれる全過程のなかで，行政マネジメントと公会計・公監査機能が果たされる。すなわち，完全なフルプロセスの行政マネジメントにおいてマネジメント（行政管理）領域，公会計（報告・開示）領域，公監査（業績・行政成果）領域の中に，主要な機能が組み込まれている。これらを構築する責任は，立法府と行政府の長ということになる。

■ 図表 6-2　完全な行政マネジメントプロセスと公会計・公監査体系

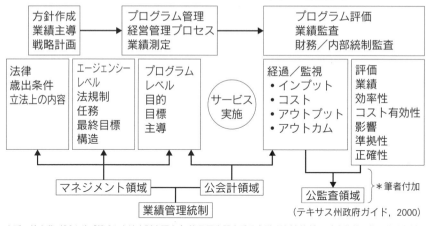

出所：鈴木豊（2014）「第 31 次地方制度調査会 第 7 回専門小委員会説明資料 資料 1 地方公共団体の公監査制度の構築の論点」（平成 26 年 9 月 9 日）。

3. 公的機関の統制

地方公共団体等の公的機関の統制範囲は図表 6-3 のとおりである。

地方公共団体の統制範囲は，ⒶからⒷへと拡張し，業績公監査の履行可能性ためには，Ⓒの段階まで進まなければならない。すなわち，統制の基幹は，第一に内部牽制制度Ⓐであり，次に会計制度の充実化による財務統制，企業会計でいう，内部統制制度Ⓑである。しかし，公的機関においては，業績指標としての損益概念は存在しないために 3E〜5E または VFM（税金支出の価値）による業績（行政成果）の測定・開示が必要となり，この適正性を担保する業績（行政成果）管理統制制度Ⓒが必要となる。さらに公的機関の大規模化・複雑化から公的機関全体のマネジメント機能である経営管理統制制度Ⓓが必須となり，現在は，この段階の統制範囲が求められている。

■ 図表 6-3　公的機関の統制範囲の構造モデル

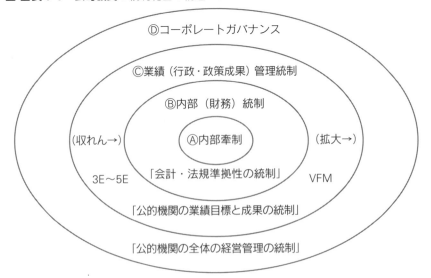

出所：鈴木豊（2014）「第 31 次地方制度調査会 第 7 回専門小委員会説明資料 資料 1 地方公共団体の公監査制度の構築の論点」（平成 26 年 9 月 9 日）。

4. 公監査目的

地方公共団体の公監査目的の変遷は図表 6-4 のとおりである。

公監査目的は①の法規準拠性より始まり②,③を経て④の有効性監査へ進まなければならない。公的機関の公監査制度の目的展開は,図表 6-4 のとおり,①法規準拠性監査から始まり,②財務諸表（会準監査），3E 監査の③経済性・効率性監査段階を経て,④有効性監査へと進展しており,パブリックアカウンタビリティの解除の要件として,①〜④の公監査が履行されなければならない。

■ 図表 6-4　公監査目的の発展過程

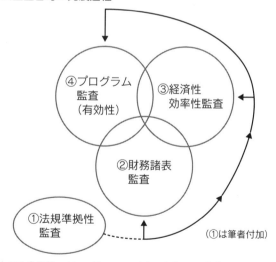

出所：R.J.Freeman and C.D.Shoulders, Governmental and Non-profit Accounting Theory and Practice, Prentice-Hall, 1993.

5. 公監査リスク

地方公共団体が統制すべきリスクの体系は図表6-5のとおりである。

地方公共団体のリスク体系から導かれるリスクケースを分析し特定しなければならない。

■ 図表6-5　公会計・公監査リスク体系

リスクの類型区分				主要なリスク例
包括リスクまたは完全リスク	財務リスク	広義の合法性または準拠性ないしは法規準拠性リスク	①狭義の合法性リスク	違法・非合法取引
			②合規性・準拠性リスク	非合規性・非準拠性取引
		正確性または決算リスク	③財務諸表リスク	虚偽記載（粉飾・逆粉飾決算）
			④財務関連リスク	予算・決算虚偽記載
	業績（行政・3E〜5E・VFM）リスク	（業績リスクの類型）	（測度の類型）	
		広義の効率性または生産性リスク	⑤経済性リスク	インプット測度分析	高額購入，公共調達・談合リスク，経済性指標の虚偽記載
				アクティビティ測度分析	
			⑥効率性リスク	アウトプット測度分析	低品質購入，公共調達効率性リスク，効率性指標の虚偽記載
				効率性測度分析	
		広義の有効性リスク	狭義の有効性リスク	⑦目標達成のリスク	有効性測度分析	アウトプット指標の虚偽記載
			政策評価リスク	⑧アウトカムのリスク	アウトカム測度分析	当初目標成果の非達成，短・中・長期アウトカム・インパクト指標の虚偽記載
					インパクト測度分析	
					説明測度分析	
				⑨代替案のリスク	代替案決定の条件・プロセスの分析	代替案選択プロセス指標の虚偽記載
				⑩価値判断のリスク	政策の功罪・政治的判断の分析	政策の必要性・価値判断指標の虚偽記載

出所：筆者作成。

第6章
公監査の基礎構造

6. 公監査の10段階説

　地方公共団体の公（経営）監査の目的段階は図表6-6のとおりである。

　公（経営）監査は①〜⑩までの段階で展開されてきたのであり，⑩段階目は立法府の機能とも考えられるので，⑨段階までの有効性監査を実施しなければならない。

■ 図表 6-6　公（経営）監査の包括目的の展開 10 段階

政府監査の類型区分				監査判断の基準および測度			展開
財務・財務関連監査	広義の合法性または準拠性ないしは法規準拠性監査		①狭義の合法性監査	法規違反行為・不正・濫用の摘発			第1段階
			②合規性・準拠性監査	政策方針および予算の目的・手続・契約・要件の妥当性・適切性の検証，内部統制とガバナンスの有効性			第2段階
	正確性または決算監査		③財務諸表監査	財務諸表の適正性・決算の正確性の検証			第3段階
			④財務関連監査	予算・財務関連事項の正確性・妥当性の検証			第4段階
包括監査または完全監査	業績（行政・3E〜5E・VFM）監査	（業績監査の類型）		（測度の類型）	（主な測度または指標）	（測度の特質）	
		広義の効率性または生産性監査	⑤経済性監査	インプット測度	インプットコスト，作業量，サービスニーズと量，プログラムインプット	(1)目的適合性 (2)有効性 (有用性) (3)反応性 (4)経済性 (管理可能性) (5)比較可能性 (6)明瞭性 (理解可能性) (7)互換性 (8)接近可能性 (9)包括性 (10)精選性 (11)正確性 (12)信頼性 (13)ユニーク性 (14)適時性 (15)完全性	第5段階
				アクティビティ測度	サービス努力，活動プロセス，資源の利用プロセス		
			⑥効率性監査	アウトプット測度	提供財・サービスの質，一定の質のサービス量，アウトプットプロセス		第6段階
				効率性測度	プログラム効率性，ポリシー効率性		
		狭義の有効性監査	⑦目的達成の監査	有効性測度	プログラム有効性，ポリシー有効性，コスト有効性		第7段階
		広義の有効性監査 政策評価監査	⑧アウトカムの監査	アウトカム測度	コストベネフィット，コストアウトカム，サービスの質		第8段階
				インパクト測度	短期的インパクト，長期的インパクト		
				説明測度	説明・記述情報		
			⑨代替案の監査	代替案決定の条件・プロセスの評価	代替案の提示，代替コースのレイアウト		第9段階
			⑩価値判断の監査	政策の功罪・政治的判断の評価	政策の根拠，政策目的の功罪，政治的意思決定の賢明性		第10段階

出所：筆者作成。

205

7. 公監査基準

地方公共団体の準拠すべき公（経営）監査基準の体系および基準の構成は図表6-7のとおりである。

求められる公（経営）監査基準の体系は公監査目的の展開過程で異なるが、公監査の3段階を包括する第2類型が伝統的な体系である。

（1）公経営監査基準の体系

■ 図表6-7　公経営監査基準の類型

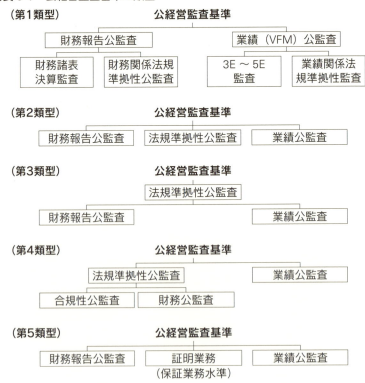

出所：鈴木豊（2014）「第31次地方制度調査会 第7回専門小委員会説明資料 資料1 地方公共団体の公監査制度の構築の論点」（平成26年9月9日）。

（2）公経営監査基準の「前文」

公監査基準の「前文」では，公監査の目的すなわちパブリックアカウンタビリティの内容を規定し，これに基づく公監査人の任務の範囲と適格性を示す規定となる。

①政府監査基準設定の目的
②基準の適用範囲
③パブリックアカウンタビリティの内容
④基本的前提として監査目的やアカウンタビリティおよび二重の責任の説明
⑤政府監査人の性質や独立性の確保
⑥公監査（public audit）のモデルやフレームワーク
⑦財務公監査および業績またはVFM公監査の目的
⑧監査対象範囲の限定
⑨内部統制
⑩公監査人の被監査機関の利害の衝突の阻止
⑪監査証拠および資料へのアクセスの自由
⑫基準の公表

（3）公監査の一般基準

一般基準は，公監査の共通基準と公監査人の適格性と独立性が基準化される。
①独立性の基準：公監査の監査主体，立法府監査人として厳格な独立性
②職業専門的判断，正当な注意の基準：厳格な正当な注意と職業専門的懐疑心の保持
③品質管理の基準：外部QCの構築と対象となる品質の指標を厳密に定義
　　一般基準の特質

■ 図表6-8　一般基準の体系

(4) 法規準拠性公監査基準

　法規準拠性公監査基準とは監査対象の法規・規則等の包括的な法規準拠性の観点での検証を目的とする基準体系である。

■ 図表 6-9　法規準拠性公監査基準の構成

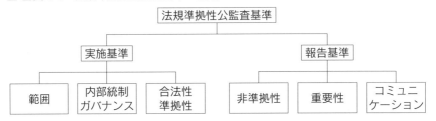

法規準拠性公監査基準
(1)　実施基準
　　①準拠性の範囲基準
　　②重要性の基準
　　③コーポレートガバナンスの基準
　　④財務取引の合法性の基準
　　⑤財務実施および不正・濫用の摘発・防止基準
　　⑥財務状況の基準
　　⑦内部統制の基準
　　⑧追加的手続の基準
(2)　報告基準
　　①意見表明の基準
　　②非準拠性報告の基準
　　③報告書形式の基準
　　④重要性の水準
　　⑤コミュニケーションの基準
　　⑥コーポレートガバナンスの報告基準
　　⑦公監査人の特別の権利と義務の基準
　　⑧市民の関心に対する特別報告の基準

(5) 財務・財務関連公監査基準

　財務・財務関連公監査は会計監査いわゆる財務監査または財務書類の会計監査と予算等の会計関連監査に対する基準体系である。

■ 図表 6-10　財務・財務関連公監査基準の体系

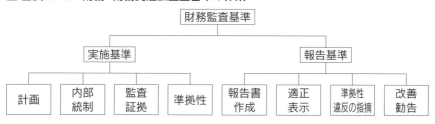

```
(1)  実施基準
    ①営利組織監査の準拠基準
    ②監査目的の基準
    ③公会計基準の準拠性基準
    ④計画性の基準
    ⑤不正・違法・非準拠性の基準
    ⑥内部統制の基準
    ⑦リスクアプローチの基準
    ⑧監査調書の基準
    ⑨品質管理の基準
    ⑩財務関連公監査基準
(2)  報告基準
    ①コミュニケーションの基準
    ②監査基準（GAAS）準拠の基準
    ③内部統制と法規準拠性の基準
    ④監査意見の基準
    ⑤財務関連公監査の意見基準
    ⑥特別許可および極秘情報の基準
    ⑦監査報告書配布基準
```

(6) 業績公監査基準

業績公監査は，行政成果に対する業績評価監査であり，いわゆる3E監査がその目的となる。

■ 図表6-11　業績公監査基準の体系

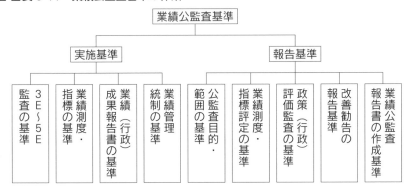

業績公監査基準
　(1)　監査計画性の基準
　(2)　3E～5E監査の基準
　(3)　業績測度・指標の基準
　(4)　業績（行政成果・政策評価）報告書作成の基準
　(5)　法規準拠性の基準
　(6)　業績管理統制の基準
　(7)　重要性の基準
　(8)　準拠規準およびガイダンス設定の基準
　(9)　監査証拠の基準
　(10)　監査調書の基準
　(11)　組織的監査の基準
　(12)　フォローアップの基準
　(13)　他の専門家利用の基準
業績公監査報告基準
　(1)　業績公監査報告書形式の基準
　(2)　適時性の基準
　(3)　報告内容の基準
　(4)　公監査目的および範囲の報告基準

第6章
公監査の基礎構造

(5) 監査結果および理由の報告基準
(6) 業績測度・指標評定の基準
(7) 政策（行政）評価監査の基準
(8) 改善勧告の報告基準
(9) 公監査報告書の作成基準
(10) 公監査報告書の配布基準

　公的機関の監査は，企業会準の監査とは異質であり，図表6-6の包括（完全）監査目的の構成となる。それゆえに①財務・財務関連監査，②法規準拠性監査，③業績（行政成果）監査の3体系となり，特に諸外国では，公的部門（パブリックセクター）の監査，政府監査あるいは公監査と称せられるのである。また，近年は，図表6-3のとおり，公的機関の統制範囲の拡大とともに，すなわち，企業会計とは相違して利益概念が存在しないために，業績として上記①②③が構成要素となり，統制範囲も内部（財務）統制から経営管理統制となり，公経営監査的性質を帯びるのである。よって，これに対応する拡大された公経営監査基準となり，これらの構成要素によって，基準が構築されなければならない。ただ，企業会計の会計監査の基準と同様の展開により，段階的に基準構築が公会計基準と公監査の環境整備の進展によってなされてゆくものと考えられる。一方では，公会計・公監査の構築のためには，すなわち，地方公共団体等の公的機関のパブリックアカウンタビリティの完全な履行のために，より精緻な基準構築が求められる。

211

索 引

A～Z

IR ……………………………………… *120, 121*
KPI ……………………………………… *138*
PPP/PFI ……………………………… *102*
VFM …………………………………… *178*

あ

アメリカ連邦政府内部統制原則 ………… *187*

インフラ長寿命化基本計画 ………………… *123*

か

会計検査院 ……………………… *145, 159, 163*
会計検査基準（試案） ……………………… *163*
過去および現世代負担比率 ………………… *61*
活用ケース …………………………… *101, 102*
借入金 …………………………………… *25*
簡易水道事業 …………………………… *90*
監査 ……………… *166, 167, 168, 169, 170*
監査委員 ……………………………… *177*
監査基準 … *141, 143, 149, 150, 157–159, 164, 175*
監査指針 ……………………………… *11*
監査専門委員 ………………………… *142, 143*
監査手続 ……………………………… *184*
監査要点 ……………………………… *179*
完全監査 ……………………………… *205*
完全な行政マネジメント ………………… *201*
完全リスク …………………………… *204*

企業 ……………………………………… *69*
企業会計原則 ………………………… *71*
基準モデル ……………………………… *2*
議選監査委員 ………………………… *142, 143*

規模測定 ……………………………… *53*
逆粉飾 ………………………………… *181*
キャッシュ・フロー計算書 …………… *73*
行政管理 ……………………………… *201*
行政コスト計算書 ……………… *107, 118, 120*
行政コスト計算書および純資産変動計算書の
　見方 ……………………………… *52*
行政コスト対財源比率 ………………… *64*
業績管理統制 ………………………… *202*
業績公監査基準 ……………………… *210*
業務活動収支 ………………………… *56*

組入資本金 …………………………… *85*
繰延収益 ……………………………… *79*

経営指標（KPI） ……………………… *138*
経営状況の「見える化」………………… *134*
経営戦略の策定 ……………………… *133*
経常収益 ……………………………… *32*
経常費用 ……………………………… *31*
下水道事業 …………………………… *90*
決算書類 ……………………………… *72*
欠損金計算書 ………………………… *72*
欠損金処理計算書 …………………… *73*
減価償却の方法 ……………………… *40*
減価償却費の表示 …………………… *43*
現金預金 ……………………………… *22*
健全化判断比率 ……………………… *109*
健全化法 ……………………………… *109*
健全性（現金が少ない場合） ………… *49*

コーポレートガバナンス ……………… *202*
広域化等 ……………………………… *133*
公営企業 …………………………… *68, 69*

213

公会計 ……………………………… 201	資産除売却損や資産売却益 ……………… 54
公監査 ……………… 164, 165, 170, 201	資産老朽化比率 ……………………………… 62
公監査基準 ……………………………… 206	施設別行政コスト計算書 ……………… 104, 105
公監査基準の「前文」……………………… 207	実質赤字比率 ……………………………… 110
公監査の10段階説 ………………………… 205	実質公債費比率 …………………………… 110
公監査の一般基準 ………………………… 207	支払利息 …………………………………… 53
公監査目的 ………………………………… 203	資本的収支 ………………………………… 74
公監査リスク ………………… 200, 204	借金体質（借金の多さ）………………… 50
公共事業 …………………………………… 122	収益的収支 ………………………………… 74
公共施設 …………………………………… 122	受益者負担比率 …………………………… 63
公共施設等総合管理計画 ………… 125, 125	純資産 ……………………………………… 30
公共施設の管理 …………………………… 36	純資産比率 ………………………………… 61
公共投資 …………………………………… 122	剰余金計算書 ……………………………… 72
公経営監査基準 …………………………… 206	剰余金処分計算書 ………………………… 73
公的説明責任 ……………………………… 200	賞与等引当金 ……………………………… 29
公的不動産（PRE）の有効活用 ………… 124	将来世代負担比率 ………………………… 61
国土強靱化基本法 ………………………… 124	将来負担比率 ……………………………… 110
固定資産台帳と公有財産台帳の違い ……… 35	人件費 ……………………………………… 54
固定資産台帳の記載項目 ………………… 37	新地方公会計統一基準 …………… 164–166, 170
固定資産台帳の記載対象範囲 …………… 38	新地方公会計モデル ………………………… 2
固定資産台帳の記載単位 ………………… 38	
個別施設ごとの長寿命化計画	生活関連の社会資本 ……………………… 122
（個別施設計画）……………… 124, 127	セグメント分析 …………… 104, 105, 118

さ	
財政指標 …………………………………… 196	損益勘定留保資金 ………………………… 74
歳入額対資産比率 ………………………… 65	損益計算書 ………………………………… 72
財務・財務関連公監査基準 ……………… 209	損益取引と資本取引 ……………………… 71
財務活動収支 ……………………………… 57	
財務規定 …………………………………… 69	

た	
財務諸表 …………………………………… 72	第三セクター等改革推進債 ……………… 131
財務書類の監査要点 ……………………… 189	貸借対照表 ………………………………… 72
3E監査 …………………………………… 203	貸借対照表の見方 ………………………… 49
	退職給付引当金 …………………………… 81
事業 ………………………………………… 69	退職手当引当金 …………………………… 29
事業廃止 …………………………………… 133	耐用年数 …………………………………… 42
資金収支計算書の見方 …………………… 56	棚卸資産 …………………………………… 25
資金不足比率 ………………… 109, 110	
	地方公営企業 ……………………………… 69

索引

地方公営企業会計 ································ 68, 69
地方公営企業の資本制度 ······················ 85
地方公営企業法 ····································· 68
地方公営企業法の適用（法適化） ··········· 9
地方公会計 ··· 164
地方公会計の活用 ····················· 100, 103
地方公共団体の財政の健全化に関する法律
·· 109
地方債 IR ··· 102
地方債の償還可能年数 ························· 65
長期前受金 ··· 79
徴収不能引当金 ····································· 28

統一的な基準 ·· 3
投資・財政計画 ·································· 136
投資活動（固定資産が増えている場合）····· 50
投資活動収支 ·· 57
統制環境 ··· 173
都市監査基準 ······································ 160
土地の評価 ··· 45

な

内部牽制 ··· 202
内部統制 ············· 141, 143–150, 153, 172, 202
内部統制ガイドライン ·············· 11, 153–156
内部統制状況評価報告書 ···················· 174
内部統制推進責任者 ··························· 176
内部統制体制 ······································ 157

は

発生主義 ··· 71
抜本的な経営改革の検討 ···················· 133
パブリックアカウンタビリティ ······· 200, 211

引当金の計上 ·· 81

複式簿記 ··· 71
フルコスト ································· 107, 118
粉飾 ··· 181

包括外部監査 ···················· 142, 143, 167
包括監査 ··· 205
包括リスク ·· 204
法規準拠性公監査基準 ························ 208
法適化 ·· 9
法適用（法適化）推進 ·························· 89
法適用企業 ··· 70
法非適用企業 ·· 70
補填財源 ··· 76

ま

未払金・未払費用 ································· 27
民営化・民間譲渡 ······························· 133
民間活用 ··· 133

無形固定資産 ·· 21

や

有価証券 ··· 23
有形固定資産 ·· 17
有形固定資産減価償却率 ······················ 62
有形固定資産等の評価原則 ·················· 43
有形固定資産の取得原価の把握のための
　決算統計の数値の活用 ···················· 44

ら

リース ··· 19
リスク ······························· 150, 153, 154
リスク一覧 ·· 178
リスクの評価 ······································ 173
連結実質赤字比率 ······························· 110

215

〈著者紹介〉(執筆順)

鈴木　豊（すずき・ゆたか）〔序章，5章，6章，監修〕

学校法人青山学院常任監事，青山学院大学名誉教授，東京有明医療大学客員教授，
公認会計士・税理士，一般社団法人青山公会計公監査研究機構理事長，
総務省「今後の新地方公会計の推進に関する研究会」座長，同「地方公営企業法の適用に関する研究会」座長，同「公営企業の経営のあり方に関する研究会」座長，地方公共団体金融機構「経営審議委員会」委員長代理，博士（経営学）（明治大学）

【主要業績等】
『政府・自治体・パブリックセクターの公監査基準』，『税務会計法』（中央経済社），『公会計講義』（編著，税務経理協会），『地方自治体の財政健全化指標の算定と活用』（大蔵財務協会），『自治体の会計・監査・連結経営ハンドブック』（中央経済社），『公会計・公監査の基礎と実務』（編著，法令出版），『自治体経営監査マニュアル』（編著，ぎょうせい），『新地方公会計財務書類作成統一基準』（編著，ぎょうせい），『新地方公会計統一基準の完全解説』（中央経済社），『100問100答　新地方公会計統一基準』（編著，ぎょうせい）等

平　光正（たいら・みつまさ）〔序章，2章，3章3，5，6〕

一般社団法人青山公会計公監査研究機構主任研究員
千葉県浦安市専門委員（公会計），地方監査会計技能士（CIPFA Japan）
青山学院大学大学院会計プロフェッション研究科専門職学位課程修了

【主要業績等】
『公会計・公監査の基礎と実務』（共著，法令出版），『自治体経営監査マニュアル』（共著，ぎょうせい），『新地方公会計財務書類作成統一基準』（共著，ぎょうせい），『新 地方公会計基準』（共著，税務経理協会），『100問100答　新地方公会計統一基準』（共著，ぎょうせい）等

石井　和敏（いしい・かずとし）〔1章〕

一般社団法人青山公会計公監査研究機構主任研究員
青山学院大学大学院会計プロフェッション研究科博士後期課程標準年限修了

【主要業績等】
『公会計講義』（共著，税務経理研究会），『業績（行政成果）公監査論』（共著，税務経理研究会），『公会計・公監査の基礎と実務』（共著，法令出版），『自治体経営監査マニュアル』（共著，ぎょうせい），『新地方公会計財務書類作成統一基準』（共著，ぎょうせい），『新 地方公会計基準』（共著，税務経理協会），『100問100答　新地方公会計統一基準』（共著，ぎょうせい）等

林　賢是（はやし・けんし）〔3章1，2，4，4章〕

一般社団法人青山公会計公監査研究機構主任研究員
青山学院大学大学院会計プロフェッション研究科博士後期課程修了
博士（プロフェッショナル会計学）

【主要業績等】
『公会計講義』（共著，税務経理研究会），『業績（行政成果）公監査論』（共著，税務経理研究会），『公会計・公監査の基礎と実務』（共著，法令出版），『自治体経営監査マニュアル』（共著，ぎょうせい），『新地方公会計財務書類作成統一基準』（共著，ぎょうせい），『新 地方公会計基準』（共著，税務経理協会），『100問100答　新地方公会計統一基準』（共著，ぎょうせい）等

〈編者紹介〉

一般社団法人青山公会計公監査研究機構

一般社団法人青山公会計公監査研究機構は，近年，国・地方公共団体等の公共・公益機関の財務内容の開示を推進する公会計改革と，税金等の公金の合理的な使途を検証する公監査改革が進展し始めたのを機会に，これら領域の包括的な研究と実践をサポートするために設立された組織である。

平成 30 年 7 月 25 日　　初版発行　　　　　　　　略称：自治体連結経営

自治体連結経営のための
会計・公監査ガイドブック

編　者　　ⓒ　　一般社団法人
　　　　　　　　　青山公会計公監査研究機構
発行者　　　　　中　島　治　久

発行所　同 文 舘 出 版 株 式 会 社
　　　　東京都千代田区神田神保町 1-41　　〒 101-0051
　　　　営業（03）3294-1801　　編集（03）3294-1803
　　　　振替 00100-8-42935　　http://www.dobunkan.co.jp

Printed in Japan 2018　　　　　　　　　DTP：マーリンクレイン
　　　　　　　　　　　　　　　　　　　印刷・製本：三美印刷

ISBN978-4-495-20721-2

[JCOPY]〈出版者著作権管理機構 委託出版物〉
本書の無断複製は著作権法上での例外を除き禁じられています。複製される場合は，そのつど事前に，出版者著作権管理機構（電話 03-3513-6969，FAX 03-3513-6979，e-mail: info@jcopy.or.jp）の許諾を得てください。